MARCO POLO

Kanada Ost

Montréal
Toronto
Québec

Reisen mit Insider Tipps

Diesen Reiseführer schrieb Karl Teuschl, Reisejournalist und Autor mit Sitz in München, der Kanada seit über 20 Jahren bereist.

www.marcopolo.de
Infos zu den beliebtesten Reisezielen im Internet, siehe auch Seite 104

SYMBOLE

Insider Tipp **MARCO POLO INSIDER-TIPPS:**
Von unserem Autor für Sie entdeckt

★ **MARCO POLO HIGHLIGHTS:**
Alles, was Sie in Kanada Ost kennen sollten

HIER HABEN SIE EINE SCHÖNE AUSSICHT

WO SIE JUNGE LEUTE TREFFEN

PREISKATEGORIEN

Hotels, Motels, B & Bs

€€€	über 110 Euro
€€	75–110 Euro
€	unter 75 Euro

Die Preise gelten für zwei Personen im Doppelzimmer. Einzelzimmer sind unwesentlich billiger. Kinder schlafen im Zimmer der Eltern meist kostenlos.

Restaurants

€€€	über 25 Euro
€€	15–25 Euro
€	unter 15 Euro

Die Preise gelten für ein Abendessen inklusive Suppe, Salat oder Vorspeise. Mittagsgerichte kosten rund 30–40 Prozent weniger.

KARTEN

[118 A1] Seitenzahlen und Koordinaten für den Reiseatlas Kanada Ost

[U A1] Koordinaten für die Karte von Montréal im hinteren Umschlag

[O] außerhalb des Kartenausschnitts

Karten zu Toronto und Québec City finden Sie auf den Seiten 126 und 127.

Zu Ihrer Orientierung sind auch die Orte mit Koordinaten versehen, die nicht im Reiseatlas eingetragen sind.

GUT ZU WISSEN

Land der Trapper **10** · Bücher zum Einstimmen **15**
Kanadische Spezialitäten **20** · Queen Street West **31**
Mennoniten **38** · Ville Souterraine **51** · Poutine – heiß und fettig **62**
Alexander Graham Bell **73** · Newfies überall **84**

INHALT

Die wichtigsten Marco Polo Highlights

Sehenswürdigkeiten, Orte und Erlebnisse, die Sie nicht verpassen sollten

1 Carnaval du Québec
Kanadas berühmtestes – und kältestes – Fest: Eisskulpturen, Paraden und Bootsrennen auf dem St. Lawrence (Seite 24)

2 CN Tower
Wahrzeichen Torontos und mit über 553 m der höchste Turm der Welt (Seite 28)

3 Hockey Hall of Fame
Pucks, Hockeystars und der legendäre Stanley Cup: Toronto setzt Kanadas beliebtestem Sport ein Denkmal (Seite 31)

4 Algonquin Provincial Park
Elche, Biber, stille Seen: Ontarios Natur im Urzustand (Seite 35)

5 Niagara-Fälle
»Donnerndes Wasser« – so nannten die Irokesen die größten Wasserfälle Nordamerikas (Seite 39)

6 Canadian Museum of Civilization
Eine Schatztruhe kanadischer Kultur – von der indianischen Urzeit bis heute – in der Bundeshauptstadt Ottawa (Seite 41)

7 Plateau Mont-Royal
Mosaik der Kulturen in Montréal: Hier treffen Punks, Avantgarde, Intellektuelle und Arbeiter aufeinander (Seite 49)

Niagara Falls: ein großartiges Naturschauspiel

Carnaval du Québec

8 Pointe-à-Callière
Ein Museum der ganz anderen Art: auf den Spuren der ersten Siedler und Pelzhändler tief unter der Metropole Montréal (Seite 51)

9 Parc des Grands-Jardins
Ein Mekka für Hobbyfotografen: herbe, fast arktisch anmutende Naturschönheiten am Nordufer des St. Lawrence in Québec (Seite 57)

10 Rocher Percé
Im Osten der Gaspé-Halbinsel liegt dieser markante Monolith in einer atemberaubenden Küstenszenerie (Seite 57)

11 Altstadt/ Haute Ville und Basse Ville
Wie aus dem Bilderbuch: Québecs mittelalterlicher Stadtkern samt Stadtmauer und gepflasterten Gassen (Seite 60)

12 Cabot Trail
300 km lang Aussichten der Extraklasse – mal hoch über der Steilküste von Cape Breton, mal in idyllischen Tälern (Seite 69)

Altstadtgasse in Québec City

13 Forteresse de Louisbourg
Zeitreise in die frühen Siedlertage: eine französische Festung, original nachgestellt inklusive Soldaten, Händlern und Indianern (Seite 70)

14 Peggy´s Cove
Kanadas schönstes Fischerdorf an der Südküste von Nova Scotia ist heute ein Touristenmagnet – zu Recht! (Seite 75)

15 Bootsfahrt auf dem Western Brook Pond
Neufundland besitzt Binnenfjorde schöner als in Norwegen – und viel einsamer (Seite 82)

★ *Die Highlights sind in der Karte auf dem hinteren Umschlag eingetragen*

Entdecken Sie Kanadas Osten!

Lebenslustige Metropolen und viel Natur im Hinterland – Kanadas Ostprovinzen werden jedem Urlaubswunsch gerecht

Kanada – allein schon in diesem Namen schwingt Fernweh mit. Man vermeint den Duft grüner Nadelwälder in der Nase zu spüren, sieht das feurige Laub des *Indian Summer* vor dem geistigen Auge und hört die Brandung eines dunklen Ozeans an felsige Küsten donnern oder mächtige Wasserfälle über Granitwände stürzen. Schon zu Zeiten unserer Großeltern und Urgroßeltern hatte Kanada, dieses unermesslich weite Land, eine magische Zugkraft. Viele wanderten damals aus, um eigenen Boden zu besitzen und eine neue Zukunft fern des engen Europa zu suchen. In unserer Phantasie ist Kanada noch immer dieses urwüchsige Traumland – aber heutzutage müssen Sie ja nicht gleich auswandern. Auch im Urlaub lässt sich das Abenteuer Kanada erleben.

Aus europäischer Sicht sind die Dimensionen dieses Landes schwer zu fassen. Kanada ist mit fast 10 Mio. km^2 Fläche das zweitgrößte Land der Erde. Vom Atlantik bis zum Pazifik misst es über 5500 km und umspannt sechs Zeitzonen.

Der Leuchtturm von Peggy's Cove nahe Halifax

Joggerinnen in The Beaches, Toronto

Die Osthälfte des Landes ist so groß wie ganz Westeuropa vom Nordkap bis Gibraltar. Allein in die Provinz Québec – mit 1,5 Mio. km^2 die größte Provinz Kanadas – würde Deutschland gut viermal hineinpassen, in die nächstkleinere Provinz Ontario (1,1 Mio. km^2) immerhin dreimal. Dabei leben nur rund 32 Mio. Menschen in Kanada – zwei Drittel davon im Osten. Dies bedeutet statistisch eine Bevölkerungsdichte von nur drei Einwohnern je Quadratkilometer – in Mitteleuropa sind es fast hundertmal mehr. Hinzu kommt, dass die meisten Kanadier in einem nur 300 km schmalen Streifen an der südlichen Grenze zu den USA wohnen. Im Norden fahren Sie – sofern es überhaupt Straßen gibt – oft stundenlang bis zum nächsten Ort.

Geschichtstabelle

Um 35 000 v. Chr. Paläoindianische Jägervölker wandern über die Beringstraße nach Nordamerika ein

Um 1000 n. Chr. Wikinger erkunden von Grönland aus »Vinland«, das heutige Labrador und Neufundland

1497 John Cabot segelt in britischem Auftrag als erster Europäer der Neuzeit nach Nordamerika und erreicht Neufundland

1535/1536 Der Franzose Jacques Cartier entdeckt den St.-Lawrence-Strom und verwendet zum ersten Mal den Namen Kanada

1608 Samuel de Champlain gründet Québec und beginnt die französische Kolonialisierung des St.-Lawrence-Tals

1670 Londoner Kaufleute gründen die Hudson's Bay Company

1759 Die Schlacht um Québec endet mit der französischen Niederlage. Neufrankreich wird nach Ende des Siebenjährigen Kriegs im Frieden von Paris 1763 britische Kronkolonie

1792/93 Alexander Mackenzie, ein Pelzhändler der Northwest Trading Company aus Montréal, durchquert als Erster den Kontinent bis zum Pazifik

1867 Die Geburt Kanadas: Im British North America Act werden die Kolonien Ontario, Québec, Nova Scotia und New Brunswick zum Dominion of Canada

1885 Fertigstellung der Trans-Canada Eisenbahnlinie

1931 Kanada wird souveräner Staat im British Commonwealth

1959 Der St. Lawrence Seaway verbindet die Großen Seen mit dem Atlantik

1962 Fertigstellung des Trans-Canada-Highway, der ersten Straße, die vom Atlantik zum Pazifik führt

1980/1995 Nach der Québec-Krise der 70er-Jahre sprechen sich die Québecer in zwei Volksabstimmungen gegen die Abspaltung von Kanada aus

1997 Die 13 km lange Confederation Bridge verbindet Prince Edward Island mit dem Festland

1999 Die Inuit (Eskimos) erhalten ein eigenes Territorium im hohen Norden: Nunavut

2003 Die Lungenkrankheit »Sars« lähmt Toronto für mehrere Wochen

2005 Nach den Terroranschlägen vom 11. Sept. 2001 erholen sich Tourismus und Wirtschaft wieder, Kanada erzielt sogar einen Handelsüberschuss mit China

Engländer und Franzosen waren die wichtigsten weißen Siedlergruppen, doch auch Deutsche, Italiener, Ukrainer – und in den letzten Jahrzehnten vermehrt Immigranten aus Asien und der Karibik – kamen hinzu. Kanada setzt auf kulturelle Toleranz. Es will kein »Schmelztiegel der Nationen« wie die USA sein, sondern eine multikulturelle Gesellschaft.

» Eine multikulturelle Gesellschaft «

Vielleicht weil Kanada ein noch so junger Staat ist, sind die Bewohner besonders stolz auf ihre Geschichte. Jedes Dorf besitzt herrlich restaurierte historische Häuser und zumindest ein liebevoll mit Erbstücken eingerichtetes Pioniermuseum. Besonders schön aber sind die perfekt gestalteten Museumsdörfer, in denen die oft abenteuerliche Pionierzeit bewahrt wird. Hier gibt es Geschichte zum Anfassen, und junge Kanadier spielen mit viel Enthusiasmus das Leben ihrer Vorfahren nach. In Nova Scotia können Sie in Port Royal und in der Garnisonstadt Louisbourg die ersten Außenposten Frankreichs in der Neuen Welt bestaunen. Am St.-Lawrence-Strom blieben in Québec City und Kingston die Festungen der Kolonialzeit erhalten. In den Wäldern des Nordens machen Pelzhandelsposten und Missionsstationen wie etwa Old Fort William in Thunder Bay oder Sainte-Marie among the Hurons bei Midland das einst harte Leben in der Wildnis erfahrbar.

Alles ist größer, weiter, wilder in Kanada. Während die von Postkarten und Bildbänden bekannten Rocky Mountains weit im Westen Kanadas liegen, sind es im Osten vor allem die dramatischen Küstenlandschaften und die großen Seenplatten, die beeindrucken. Draußen am Atlantik steigen die steilen Klip-

Boxenstopp mit Blick auf die Skyline von Montréal

pen von Labrador und Neufundland aus dem Meer. Die Menschen dort leben in winzigen Fischerdörfern entlang der sturmumtosten Küste. Weitaus milder ist das Klima in den Atlantikprovinzen Nova Scotia, Prince Edward Island und New Brunswick. Blitzsaubere Hafenstädtchen liegen an der buchtenreichen Felsenküste. Viele Bewohner arbeiten noch heute im Fischfang und tischen Ihnen köstliche Lobster auf. Die dicht bewaldeten Bergzüge im Hinterland gehören zum uralten Appalachengebirge, das die Gletscher der Eiszeiten zum sanften Mittelgebirge abschliffen. Und das von roten Kartoffeläckern überzogene Prince Edward Island rühmt sich der schönsten und wärmsten Meeresstrände des Landes.

Weltberühmt: die schäumenden Niagarafälle

Nach Westen hin schließt sich das fruchtbare St.-Lawrence-Tiefland an, früher das große Einfallstor nach Kanada, die Route der Entdecker und Pelzhändler. Dort, in den Provinzen Québec und Ontario, liegen die wichtigsten Metropolen, schlägt das wirtschaftliche Herz der Industrienation. Québec City, Montréal, Toronto – wie Perlen reihen sich die Großstädte Kanadas am St. Lawrence und am Lake Ontario aneinander, glänzen mit postmoderner Architektur und buntem Völkergemisch. Nicht zu vergessen die elegante Bundeshauptstadt Ottawa mit ihren Museen und manikürten Parks. Und natürlich die schäumenden Niagarafälle, Ostkanadas weltberühmte Attraktion.

Nördlich der Städte und sattgrünen Farmen des Tieflands beginnt das stille Reich der vielen Granitkuppen und Wälder des Kanadischen Schilds. Wie ein riesiges Hufeisen legt sich das von den Gletschern rundgehobelte, uralte Gestein um die Hudson Bay – eine Region der Seen, ungebändigten

Land der Trapper

Das Reich der Hudson´s Bay Company

Wer im 17. und 18. Jh. was auf sich hielt, trug einen Dreispitz oder Zylinder aus Biberfilz. Fast könnte man sagen, Kanada wurde wegen der europäischen Hutmode erschlossen. Schon ab 1650 erforschten französische Waldläufer auf der Jagd nach Bibern die Wildnis Ostkanadas, zahlreiche Pelzhandelsgesellschaften trieben bald ihren lukrativen Handel. Eine Gesellschaft, die zu einem der großen Handelsimperien werden sollte, war die 1670 gegründete Hudson´s Bay Company. Ihr Handelsgebiet umfasste schließlich ein Zwölftel der Erdoberfläche. Aus den Forts der Pelzhändler wurden Städte, aus ihren Handelswegen Highways. Und bis heute ist »The Bay« als Name einer Kaufhauskette in vielen Orten Kanadas präsent.

Grandiose Naturlandschaft: Gros Morne National Park auf Neufundland

Flüsse und tiefen Wälder, die bis an den Rand der Arktis reicht. So ist der Norden Ontarios und Québecs ein beliebtes Ziel für Angler, Kanufahrer und Wildnisfans.

Angesichts der immensen Ausdehnung Ostkanadas ist das Klima verblüffend gleichmäßig. Bis auf die Küstenregionen, in denen es feuchter und gemäßigter ist, herrscht im gesamten Osten Kontinentalklima. Das bedeutet heiße Sommer und bitterkalte, schneereiche Winter. Hoch im Norden dauert der Sommer kaum drei Monate, während im Süden Ontarios auf der Niagarahalbinsel (etwa auf dem gleichen Breitengrad wie Florenz) Wein und Pfirsiche gedeihen.

Der heutige Besucher hat es leicht: Kanadas Osten bietet eine vorzügliche touristische Infrastruktur mit gut ausgebauten Straßen, sauberen Hotels und Motels. Museen und bunte Märkte, vorzügliche Restaurants, Jazzclubs und witzige Bistros machen den Aufenthalt in den Städten kurzweilig. Im Hinterland gibt es einsame Lodges und Angelcamps, die den Zugang zur Wildnis erleichtern.

»Abenteuer kann man viele erleben«

Auch Abenteuer kann man viele erleben. Sei es auf einer Kanufahrt im Algonquin Park, einer Wandertour am Cabot Trail in Nova Scotia oder einer Kajakfahrt auf den Flüssen Québecs. Sie müssen jedoch nicht an die Grenzen Ihrer eigenen Belastbarkeit gehen: Ein Musical in Toronto, ein Plausch im Bistro in Montréal, ein Shoppingbummel in einer der eleganten Malls gehören zur Kanadareise ebenfalls dazu. Auch eine Tour in die Laurentides oder durch die Seenplatte Ontarios kann das Gefühl von Freiheit und Weite vermitteln. Wenn dann die Flammen des Lagerfeuers züngeln, im Abendrot ein Elch im Riedgras des flachen Sees äst oder ein Biber vorüberpaddelt, dann wird der Urlaub zum Traumurlaub.

Von den Bären und den Mounties

Die Frankokanadier bestehen auf ihrer kulturellen Eigenständigkeit. Wissenswerte Hintergründe zum Verständnis des Landes

Bären
Grizzlies und Eisbären sind auf der Fahrt durch Ostkanada nicht zu befürchten. Sie kommen nur hoch in der Arktis bzw. in den Bergen des Westens vor. Anders dagegen die kleineren Schwarzbären: Neugierig und immer hungrig schnüffeln sie schon mal abends über den Campingplatz, verjagen verdutzte Wanderer aus ihrem Blaubeerrevier oder überqueren rücksichtslos den Trans-Canada-Highway. Doch Vorsicht: Das ach so beliebte Bärenfoto sollten Sie unbedingt aus gebührendem Abstand machen, sämtliche Lebensmittel nachts geruchsdicht im Auto oder Wohnmobil verstauen – und das nach Steaks duftende Geschirr sofort spülen. Schwarzbären haben einen hervorragenden Geruchssinn und hören gut, sie sehen aber recht schlecht.

Flora und Fauna
Der größte Teil Kanadas liegt im Bereich des borealen Nadelwaldes, der sich wie ein breites grünes Band von Neufundland bis zum Pazifik quer durch den Kontinent zieht. Hier wachsen Weiß- und Schwarztannen, Kiefern und Fichten. Diese gewaltigen Wälder, die sich in Nord-Süd-Richtung auf über 1000 km Breite erstrecken, sind Lebensraum von Bären, Elchen, mehreren Hirscharten, Luchsen, Stachelschweinen, Bibern und zahlreichen kleineren Nagetierarten. Nach Norden hin gehen in Québec, Labrador und Nunavut die Wälder in Taiga und schließlich in baumlose Tundra über. Um das Tal des St. Lawrence in Québec und um die Großen Seen in Ontario wächst Mischwald, dessen Ahorn- und Eichenarten im Herbst die spektakulären Farben des *Indian Summer* liefern.

Kunst der Indianer und Inuits im Canadian Museum of Civilization in Ottawa

Frankokanada
In der Schlacht von Québec verlor Frankreich 1759 seine Kolonie in der Neuen Welt. Die französischen Siedler jedoch blieben, und ihre Nachfahren machen heute knapp 30 Prozent der Gesamtbevölkerung Kanadas aus.

Auch unter der britischen Regierung blieb Québec im 19. Jh. feudalistisch strukturiert: Die katholische Kirche bestimmte nahezu

In dieser Größe noch niedlich: ein junger Schwarzbär

alle Lebensbereiche der Landbevölkerung. Industrie, Wirtschaft und Politik Québecs wurden von der zumeist englischen Oberschicht gelenkt. Erst die »Stille Revolution« der 1960er-Jahre brachte den Wandel: bessere Ausbildung, eine eigenständige frankokanadische Politik und die Nationalisierung der für die Provinz so wichtigen Elektrizitätswirtschaft.

Seither führte die sprachliche und kulturelle Zweiteilung Kanadas immer wieder zu schweren Krisen. Vor vierzig Jahren forderte der nationalistische *Parti Québécois* bereits die völlige Loslösung Québecs von Kanada; es kam sogar zu terroristischen Anschlägen von Separatisten. Zweimal wurden dazu bisher Volksabstimmungen abgehalten: 1980 und 1995. Und beide Male sprach sich die Mehrheit der Bevölkerung Québecs gegen die Ablösung aus – jedoch denkbar knapp. Seither tritt das Thema Separation mehr und mehr in den Hintergrund.

Group of Seven

Während der Kolonialzeit waren die kanadischen Pioniere meist mit dem Überleben beschäftigt. So hat sich erst im 20. Jh. ein eigenständiges Kulturschaffen etabliert. Die erste und bis heute berühmteste kanadische Stilrichtung in der Malerei entstand 1912, als sich in Toronto junge Maler zur »Group of Seven« zusammenschlossen. Inspiriert vom Naturmaler Tom Thomson entwickelten sie eine neue, expressive Form der Landschaftsmalerei. Ihre Werke erzielen heute Preise von bis zu 7 Mio. $.

Hockey und Lacrosse

Keine Sportart verkörpert die kanadische Seele so wie Eishockey: Die ganze Nation sitzt zur *Hockey Night* gebannt vor den Fernsehern, schon mit 5 Jahren lernen die Kids das Schlittschuhfahren, und die Profispieler sind die Helden des Landes. Jeder kennt sie und die Namen der legendären Teams wie die *Montreal Canadiens* oder die *Toronto Maple Leafs.* Jedoch: Kanadas offizieller Nationalsport ist *Lacrosse,* ein schnelles Ballspiel indianischen Ursprungs. Nie gesehen? Jede größere Stadt hat ein Team, der traditionelle Sport liegt in den letzten Jahren wieder voll im Trend.

Indianer und Inuit (Eskimos)

Die Vorfahren der Indianer kamen während der Eiszeiten über die Beringstraße in den Norden Amerikas. Sie breiteten sich im Lauf der Jahrtausende über den Kontinent aus. Es entwickelten sich eigenständige Kulturgruppen: Halbnomadische Jägerstämme lebten im Norden und äußersten Osten Kanadas, die Irokesen und Huronen der Waldlandkultur in der Region um den St. Lawrence waren dagegen sesshaft und bauten Mais, Bohnen und Tabak an, und weiter westlich lebten die Bisons jagenden Stämme der Plains.

Viel später als die Indianer besiedelten die Vorfahren der heutigen Eskimos vor etwa 1000 Jahren von Alaska aus die kanadische Arktis. Sie bezeichnen sich selbst lieber als *Inuit* (Mensch), da Eskimo diskriminierend »Rohfleischesser« bedeutet.

Die ersten Jahrzehnte im Kontakt mit den Weißen verliefen für die kanadischen Ureinwohner nicht ganz so traumatisch wie für ihre Brüder in den USA. Die Pelzhändler waren auf die Hilfe der Indianer angewiesen und griffen nur begrenzt in ihre Lebensweise ein. Allerdings dezimierten aus Europa eingeschleppte Krankheiten die Stämme. Erst mit der Besiedelung des Westens im 19. Jh. wurden die Indianer in Reservate abgedrängt. Nach Verbesserungen in der Gesundheitsversorgung leben heute rund 610 000 Indianer und 50 000 Inuit in Kanada.

Landessprachen

Kein Zweifel, Kanada ist zweisprachig. Die Milchtüte im Supermarkt, die Wanderkarte im National Park, das Einreiseformular der Zollbehörde – überall ist die Aufschrift in Englisch und Französisch gehalten. Rund 60 Prozent der Kanadier sprechen Englisch, knapp 30 Prozent Französisch als Muttersprache. Doch die Verteilung ist nicht gleichmäßig: In den Atlantikprovinzen, in Ontario und im Westen hört man fast ausschließlich Englisch, in Québec fast nur Französisch.

Auf einer Urlaubsreise können Sie mit beiden Sprachen gut reisen,

Bücher zum Einstimmen

Das Erbe der ersten Entdecker

Tagebücher und Briefe von Entdeckern, Trappern und Missionaren waren die ersten literarischen Dokumente Kanadas. Ihr Thema: das (Über-)Leben in der Wildnis. Auch die späteren kanadischen Schriftsteller wurden häufig von der ungezähmten Natur des Landes geprägt. Hier einige Tipps als Reiselektüre:

Farley Mowat, Ein Sommer mit Wölfen. Eine Abrechnung mit dem uralten Mythos Wolf, spannend und wissenschaftlich fundiert.

E. Annie Proulx, Schiffsmeldungen. Roman (der inzwischen auch verfilmt wurde) über das Leben in Neufundland.

Mordecai Richler, Solomon Gursky war hier. Eine kanadisch-jüdische Familiensaga.

Karl Heinz Raach/Karl Teuschl, Kanada – Der Osten. Ein moderner, gut gestalteter Bildband.

denn viele Kanadier sind heute zweisprachig. Sogar mit etwas rostigem Schulenglisch kommt man gut zurecht, denn die geduldigen Kanadier geben sich mit ihren Gästen viel Mühe, und das kanadische Englisch ist in Aussprache und Wortschatz noch britischer als das südlich der Grenze gesprochene »Amerikanisch«.

Etwas schwieriger ist das in Québec, denn das *Québécois* geht auf alte normannische und bretonische Dialekte zurück – und weist zum modernen Französisch allerlei Unterschiede auf. Es klingt rauer, bäuerlicher, altertümlicher. Auch der Wortschatz variiert: Das Auto *(frz.: la voiture)* zum Beispiel heißt in Québec *le char*, Einkaufen *(faire des courses)* heißt *magasiner*, und das Trinkgeld *(pourboire)* heißt in Québec ganz amerikanisch *tip.*

Hoch zu Ross: die »Mounties«

Moderne Architektur

In den letzten 30 Jahren hat in den Metropolen die Postmoderne Einzug gehalten, und Kanada kann mittlerweile Architekten von Weltruf vorweisen. Vor allem Toronto und Montréal haben mit spektakulären Wohnprojekten und Hochhausbauten Zeichen gesetzt. Moshe Safdie baute zur Expo 1967 in Montréal das radikale Wohnhaus *Habitat* in dreidimensionaler Zellstruktur, sein neuestes Werk ist die gläserne Festung der Nationalgalerie in Ottawa. Ebenfalls in der Bundeshauptstadt steht das 1989 vom Kanadier Douglas Cardinal erbaute *Museum of Civilization*, das sich in fließender Wellenform dem Ufer des Rideau River anpasst. Stararchitekt Kanadas ist nach wie vor der deutschstämmige Ed Zeidler: Das *Eaton Centre* und der *Queens Quay Terminal* in Toronto zählen zu seinen bedeutendsten Werken.

Mounties

Die Mounties der rot berockten *Royal Canadian Mounted Police* sind wohl das bekannteste Wahrzeichen Kanadas. In ihrer Paradeuniform treten sie bei offiziellen Veranstaltungen auf und schmücken so manches Erinnerungsfoto. Doch sie sind mehr als buntes Beiwerk: Bis heute ist diese hervorragend ausgebildete Bundespolizei für alle jene ländlichen Regionen und Orte Kanadas zuständig, die sich keine eigene Polizei leisten können.

Die heute rund 15 000 Mann starke Truppe der *RCMP* wurde bereits im Jahr 1873 gegründet. Für Jahrzehnte waren die Forts der *Mounties* die einzigen Außenposten der Zivilisation im damals noch recht wilden Westen. Mit Hundeschlitten patrouillierten die Gesetzeshüter in der Arktis, zu Pferd und per Kanu drangen sie in die abgelegensten Goldcamps vor. Auch heute können Sie die *Mounties* noch hautnah erleben – als radarbewaffnete Wächter an den Highways draußen im weiten Land, die jedem Raser die Leviten lesen und ihn gleich zur Kasse bitten.

National Parks
Die berühmtesten unter den 42 Nationalparks Kanadas wie etwa *Banff* oder *Jasper* liegen in Westkanada. Aber auch im Osten wurden einige besonders schöne Naturlandschaften als National Parks geschützt, z. B. die einsamen Seen von *La Mauricie*, die Steilklippen von *Forillon* auf der Gaspé-Halbinsel oder die Fjorde von *Gros Morne* auf Neufundland. *www.parkscanada.ca, www.nationalparks-kanada.de*

Politisches System
Kanada ist eine bundesstaatlich geordnete parlamentarische Monarchie im British Commonwealth. Offizielles Staatsoberhaupt ist daher die englische Monarchin Queen Elizabeth, die aber lediglich zeremonielle Aufgaben hat. Das aus zwei Kammern bestehende Parlament in der Bundeshauptstadt Ottawa ist für die Außenpolitik, für Verteidigung und Finanzen zuständig. Die zehn Provinzen Kanadas besitzen eine weit reichende Selbstverwaltung, zum Beispiel in Schulwesen, Kulturpolitik, Gesundheitsversorgung und in der Nutzung der Bodenschätze. Dagegen werden die drei nur sehr dünn besiedelten Nordprovinzen noch überwiegend von Ottawa aus regiert.

Rohstoffe und Industrie
Kanada ist ungeheuer reich an Rohstoffen: Im uralten Gestein des Kanadischen Schilds, im Norden von Ontario, Québec und Labrador, lagern große Eisen-, Zink-, Nickel- und Goldvorkommen. Die Flüsse Québecs liefern schier unbegrenzt Energie. Doch Kanada versucht schon lange von seiner traditionellen Rolle als Rohstofflieferant für die Weltwirtschaft wegzukommen. Die industrielle Produktion, deren Zentrum in Südontario rings um Toronto, Hamilton und Windsor liegt, macht heute bereits drei Viertel des Bruttosozialprodukts aus. Dennoch erscheint vielen Kanadiern der Rohstoffexport wie ein Ausverkauf des Landes. Strom aus Québec wird zu Niedrigpreisen an die USA verkauft, billiges Holz aus Ontario endet als Zeitungspapier auf den Frühstückstischen in aller Welt. Noch immer hängt jeder zehnte Arbeitsplatz von der Holzindustrie ab.

Tim Hortons
Vielleicht ist es der hohe Kalorienbedarf im kalten Winter. Vielleicht auch, dass man sich seit Pioniertagen gern trifft und auf einen Plausch zusammensetzt. Auf jeden Fall lieben die Kanadier *Donuts* – süße Kringel – und süßen Kaffee. Am liebsten von der urkanadischen Kette »Tim Hortons«, benannt – wie könnte es anders sein – nach einem beliebten Eishockeyspieler. Der süße Tipp: *French Vanilla Coffee* und *Maple Glazed Donuts.*

RESTAURANT
Biard
Fruits de Mer
Poissons
Giard 221-6556

Coffeeshops und Szenebistros

Kanadas kulinarische Reize liegen in der Vielfalt regionaler Zutaten und der Rezepte, die die Einwanderer mitbrachten

Es gibt kein kanadisches Nationalgericht. Zu unterschiedlich waren die Einwanderergruppen, die aus allen Kontinenten hierher kamen, zu groß war das Land. So macht die Vielfalt der Spezialitäten bis heute den Reiz der multikulturellen Essensfreuden in Ostkanada aus. In Toronto essen Sie vorzüglich chinesisch, ukrainisch und polnisch. In Montréal können Sie französisch, portugiesisch, jüdisch-koscher speisen oder im Bistro an der Ecke sitzen – ganz wie in Paris. Daneben fehlen aber nicht die typischen Gerichte, für die das Land bekannt ist: Steaks aus Alberta (mit Folienkartoffel und einem zarten, in Butter geschwenkten Maiskolben), Lobster von der Atlantikküste und frischer Lachs in allen Variationen aus dem Pazifik oder Atlantik.

Französisches Erbe

Ein eigenes Kapitel verdient die Küchenkunst Québecs. Die Provinz ist seit Jahrhunderten der kulinarische Nabel Kanadas. Die Einwanderer aus der Normandie und der Bretagne, zumeist einfache Fischer und Bauern, brachten ihre heimatlichen Rezepte mit in die Neue Welt. Mangels Zutaten mussten sie ihre tägliche Kost allerdings oft abwandeln. Statt Schwein, Rind oder Huhn wurde Elch, Reh, wilder Truthahn oder Wildgans verwendet. Von den Indianern lernten sie, Mais und Kürbisse zuzubereiten, und statt mit Zucker wurde mit vitaminreichem Ahornsirup gesüßt.

Gute Fischrestaurants gibt es zahlreich an Kanadas Küsten

Regionale Kost

Am Atlantik stehen Lobster, Dorsch und Muscheln auf der Speisekarte. Der nur langsam wachsende Lobster aus dem kalten Atlantik gilt unter Kennern als der beste der Welt. Auf Prince Edward Island werden im Sommer bei den *Lobster Suppers* in Gemeindehallen und Kirchensälen mächtige Lobsterbuffets angerichtet. Die schottischen Einwanderer haben ihren guten alten Haferbrei mit nach Nova Scotia gebracht und das Rezept für *Solomon Gundy,* köstliche marinierte Heringe. Etwas gewöhnungsbedürftig sind dagegen manche der Traditionsrezepte aus Neufundland – *cod tongues* zum Beispiel, frittierte Dorschzungen.

Kanadische Spezialitäten

Lassen Sie sich diese Köstlichkeiten gut schmecken!

bagel with lox – Brötchen mit Räucherlachs

bannock – schottisch-indianisches Brot, in der Pfanne gebacken

beavertail – Schmalzgebäck mit Zimt und Zucker

Caesar salad – Salat mit Parmesan-Anchovis-Dressing

caribou – hochprozentiger Rotweinpunsch, beliebt zum Karneval im Winter

clam/seafood chowder – sämige Muschel-/Fischsuppe

cipaille/cipate – Schichtpastete mit verschiedenen Fleischarten

coleslaw – Kohlsalat

eggs over easy – Spiegeleier einmal gewendet

filet mignon – Filetsteak

French toast – Brotscheiben in Eihülle (arme Ritter)

hash browns – fein geraspelte Bratkartoffeln

lobster roll – Hummersandwich

Malpeque oysters – Austern von der Malpeque-Bucht auf P.E.I.

New York steak – Steak mit Fettrand

onion rings – frittierte Zwiebelringe

pancakes (flapjacks) with maple sirup – Pfannkuchen mit Ahornsirup

pickerel – in Ontario weit verbreiteter Süßwasserfisch

poutine – Pommes frites mit Bratensauce und Käse

pumpkin pie – Kürbiskuchen

scallops – Jakobsmuscheln

sirloin steak – Lendensteak

solomon gundy – marinierte Heringe aus Nova Scotia

soupe aux pois – deftige Erbsensuppe

squash – kleine Kürbisart

summer sausage – würzige Salami der Mennoniten in Ontario

tarte aux bleuets – Blaubeerkuchen

tourtière – würzige Quiche mit Fleisch

turkey with stuffing and gravy, yams and cranberry sauce – Truthahn mit Füllung und Bratensoße, Süßkartoffeln und Preiselbeermarmelade

Weiter im Binnenland, in Ontario, liefert die von mildem Klima gesegnete Niagara-Halbinsel frisches Gemüse, Wein und ausgezeichnetes Obst. Aus den Seen im Hinterland der Provinz kommen Hechte, Weißfische und Barsche auf den Speiseplan, dazu vielleicht wilder Reis, den die Indianer in den Seen des Nordens ernten.

Restaurants

Zum Frühstück geht man in den *coffeeshop*. Er gehört sowieso meist zum Hotel oder liegt bei den Motels ganz in der Nähe. Entweder nehmen Sie dort das kleine *continental breakfast* (Saft, Kaffee, Toast mit Marmelade) oder bestellen ein großes *american breakfast* mit Eiern und Bratkartoffeln oder *pancakes*, eine Art Pfannkuchen. Kaffee – der allerdings oft sehr herzfreundlich dünn aufgebrüht ist – wird kostenlos bis zum Abwinken nachgeschenkt. Nur im französisch geprägten Québec ist der Kaffee meist stärker.

Zum *lunch*, etwa zwischen 12 und 14 Uhr, essen die Kanadier oft nur kleinere Gerichte, die auf einer separaten Speisekarte *(lunch menu)* aufgeführt sind: z. B. *Caesar salad* oder *soup and sandwich*.

Das Abendessen *(dinner)* wird in ländlichen Regionen schon zwischen 17.30 und 19 Uhr serviert, in den größeren Städten etwa von 19 bis 22 Uhr. Zu den Besonderheiten gehört, dass man in den meisten Restaurants vom Kellner einen Tisch zugewiesen bekommt. Ein Schild am Eingang zeigt dies an: *Please wait to be seated.*

Wundern Sie sich nach dem Essen nicht über den Endbetrag der Rechnung: Die auf der Speisekarte angeführten Preise enthalten weder *tip*, Trinkgeld (etwa 15 Prozent vom Rechnungsbetrag), noch die von Provinz zu Provinz unterschiedliche Steuer. Erst auf der Rechnung wird diese Steuer ausgewiesen.

Trinken

Wenn es ein Nationalgetränk in Kanada gibt, dann ist das Bier – ein im Vergleich zum wässrigen US-amerikanischen sogar sehr süffiges, würziges Bier, das gut zu einem herzhaften Steak passt. *Molson Canadian* oder *Labatt's Blue* gibt es überall im Land, Spezialbiere wie *Moosehead* nur in manchen Regionen. Auch Wein wird in den meisten Restaurants serviert, in den kleineren Lokalen Québecs ohne Alkohollizenz können Sie ihn auch selbst mitbringen. Auf der Karte stehen häufig gute Tropfen aus Kalifornien und Frankreich, doch es lohnt sich durchaus, den heimischen Wein aus dem Okanagan-Tal oder von der Niagara-Halbinsel zu probieren.

Wenn Sie höherprozentige Getränke möchten, können Sie auf den exzellenten kanadischen Whiskey zurückgreifen, der entweder auf Eis *(on the rocks)* oder – wie auch Rum oder Gin – in vielerlei Mixgetränken serviert wird.

Neben den üblichen Hotelbars gibt es viele rustikale Bars mit Pooltisch und langem Tresen. Oft ist das der beste Platz, um *locals*, Einheimische, kennen zu lernen. Beliebte Treffs sind neuerdings die vielerorts aus dem Boden schießenden *Micro Breweries*, Kleinbrauereien mit angeschlossener Kneipe. Oft werden hier verblüffend gute *Ales* und sogar Weißbier ausgeschenkt.

PEGABO

Shopping satt in Malls und Märkten

Riesige Einkaufszentren und bunte Ladenstraßen – Kanada ist ein Shoppingparadies

Vor allem Freizeitkleidung und Sportartikel, aber auch CDs, Kunsthandwerk, Modeschmuck und sogar Markendesignerkleidung kosten dank des günstigen Kan-Dollarkurs öfters weniger als in Europa.

Riesige Shoppingmalls, elegante Kaufhäuser und Boutiquen finden Sie in allen größeren Städten. Um dem bitterkalten Winterwetter zu entkommen, haben sich die Kanadier ganze Shoppinglandschaften unter Dach gebaut, wie z. B. die *Ville Souterraine* in Montréal mit rund 30 km langen unterirdischen Passagen. Einige der neuen Malls, etwa die *Place de la Cathédrale* Montréals oder der *BCE Place* Torontos, sind allein wegen ihrer innovativen Architektur sehenswert. Abseits der Metropolen nimmt das Einkaufsangebot aber meist schnell ab. Es lohnt sich daher, vor einer längeren Tour über Land den Camper mit Lebensmitteln und Ausrüstung voll zu packen.

Das für Kanada wohl berühmteste Mitbringsel ist *maple sirup*. Der eingedickte süße Saft der Ahornbäume gehört in Kanada zu jedem zünftigen *pancake*-Frühstück. Beliebte und schmackhafte Andenken sind auch Wein von der Niagara-Halbinsel, Blaubeergelee vom Lac St-Jean, Honig von der Île d'Orléans und Würste von den Mennoniten bei Kitchener. In den Küstenorten am Atlantik gibt es neben hochwertigem Segelzubehör für Yachtfreunde die handgestrickten Pullover aus Neufundland und allerlei Kunsthandwerk aus Holz, Ton und Keramik. Auch weiter im Inland blühen *arts and crafts.* Jeder Ort, der auf sich hält, richtet im Sommer einen *craft fair* aus.

Zu den schönsten – und leider auch teuersten – Souvenirs gehören die kunsthandwerklichen Produkte der Indianer und Inuit. In alter Tradition werden mit Stachelschweinborsten verzierte geflochtene Körbe, perlenbestickte Lederjacken und Mokassins aus Elchleder hergestellt. Typisch für die Region sind auch kleine Schachteln und Körbe aus geformter Birkenrinde. Die Inuit der Arktis sind zudem berühmt für ihre Specksteinskulpturen, die auch in renommierten Galerien in Montréal, Toronto oder Ottawa zu erwerben sind (Preise ab ca. 300 $). Sehr typisch, aber preiswerter sind die Kunstdrucke der Inuit, wie sie etwa in Cape Dorset oder Pangnirtung hergestellt werden.

Eaton Centre in Toronto

Feste, Events und mehr

Sommer und Herbst ist die Zeit der Jazzfestivals und Lobsterfeste

Neben den großen Festivals feiern die Kanadier vor allem im Sommer und Herbst unzählige kleinere Feste. Jede ethnische Gruppe, jedes

Québec: Bootsrennen im Eis

Dorf hat eigene Anlässe. Erkundigen Sie sich vor Ort im Visitor Centre, wo am nächsten Wochenende gefeiert wird.

Die staatlichen Feiertage werden traditionell auf einen Montag gelegt, sodass ein langes Wochenende entsteht – Anlass für viele Kanadier zu einem Kurzurlaub. Zwei dieser verlängerten Wochenenden begrenzen die sommerliche Reisesaison: Der *Victoria Day* Ende Mai markiert den Beginn der Sommersaison, mit dem *Labour Day* Anfang September endet sie.

Offizielle Feiertage

1. Januar *Neujahr*; **Karfreitag; Ostermontag; Montag vor dem 25. Mai** *Victoria Day, Jour de la Reine*; **24. Juni** *Johannistag* (Nationalfeiertag in Québec); **1. Juli** *Canada Day, Fête du Canada* (Nationalfeiertag); **1. Montag im August** *Provinzfeiertag* (außer Québec und Neufundland); **1. Montag im September** *Labour Day, Fête du Travail* (Tag der Arbeit); **2. Montag im Oktober** *Thanksgiving, Action de Grâce* (Erntedankfest); **11. November** *Remembrance Day* (Heldengedenktag); **25. und 26. Dezember** *Christmas* (Weihnachten)

Feste und Festivals

Februar

★ Québec City: *Carnaval.* Große Kostümparade und Bootsrennen auf dem teilweise zugefrorenen St. Lawrence, meist 1. Monatshälfte

Insider Tipp Ottawa: *Winterlude.* Drei Wochenenden lang Schlittschuhfest mit Eisskulpturen und Schlittenhunderennen

Mai

★ Ottawa: *Canadian Tulip Festival.* Konzerte, Paraden und Blütenpracht

Juni

Montréal: *Grand Prix du Canada.* Am 2. Wochenende Formel-1-Rennen in der Heimat von Jacques Villeneuve; zum ★ *International Jazz Festival* Ende des Monats bis Anfang Juli kommen mehr als tausend Künstler aus aller Welt

Toronto: *Pride Week.* Zwei verrückte Kostümparaden am letzten Wochenende sind die Höhepunkte dieses großen Schwulenfests

Juli

Canada Day. Am 1. Juli finden in fast allen Orten Kanadas Picknicks, Paraden und Straßenfeste statt

Antigonish: *Highland Games.* Am 2. Wochenende laden die Schotten Nova Scotias zu Dudelsackmusik und Baumstammwerfen ein

Montréal: 14 Tage lang sind beim Lachfestival *Juste pour Rire* Mitte des Monats die besten Komiker und Pantomimen der Welt zu erleben *(www.hahaha.com)*

Québec City: *Festival d'Été.* Zwei Wochen lang Theater und Konzerte, das größte französischsprachige Kulturereignis in Nordamerika

Shediac: Fünf Tage dreht sich Anfang des Monats beim **Insider Tipp** *Lobster Carnival* alles um das Krustentier

Toronto: Bei der *Caribana* wird ab Mitte Juli für zwei Wochen das karibische Lebensgefühl gefeiert, Höhepunkt: eine farbenprächtige Parade

August

★ Manitoulin Island: *Wikwemikong Indian Powwow* mit Musik und Tänzen der Ojibwa und Gastgruppen aus vielen Stämmen

Caraquet: Die Frankokanadier der Atlantikprovinzen feiern in der 1. Monatshälfte beim *Festival Acadien* ihre reiche Geschichte

Toronto: *Canadian National Exhibition.* Kanadas größter Jahrmarkt in der 2. Monatshälfte

September

Toronto: Beim *International Film Festival* zur Mitte des Monats werden alljährlich ca. 300 Filme aus 50 Ländern der Welt vorgestellt

St. Catharines: *Niagara Grape and Wine Festival.* Mitte des Monats Erntefest mit Weinprobe und Parade

Oktober

★ Kitchener: *Oktoberfest.* Die deutschen Einwanderer richten in der 2. Woche das größte Biereereignis Nordamerikas aus – selbstverständlich mit originaler Blasmusik aus Bayern und Wahl der Miss Oktoberfest

Eisskulpturen zum Karneval

CROWNE PLAZA

Die Nummer eins im Land

Die Metropole am Lake Ontario ist das Wirtschaftszentrum Kanadas

Karte auf Seite 126

Die Einwanderer haben Toronto **[120 C5]** gerettet. Noch vor 50 Jahren galt die Hauptstadt Ontarios als verschlafene und langweilige Provinzstadt – durch und durch weiß, angelsächsisch und protestantisch. Erst die Einwanderungswellen nach dem Zweiten Weltkrieg ließen die Bevölkerung auf heute rund 5,2 Mio. Einwohner anschwellen und verwandelten Toronto in eine moderne und lebenslustige Weltstadt.

Im Zentrum der Stadt drängen sich die spiegelnden Glastürme der Hochfinanz und der internationalen Gesellschaften. Ringsum dehnt sich ein Mosaik aus zahllosen ethnischen Vierteln, dessen bunte Mixtur sich in der trubeligen Chinatown, auf den portugiesischen Märkten, in den griechischen Tavernen und karibischen Clubs besonders farbig zeigt. Toronto wird seinem indianischen Namen, der »Sammelplatz« bedeutet, gerecht. Nur noch rund 30 Prozent der Einwohner sind angelsächsischer Herkunft.

Handel und Geschäfte florierten schon im 19. Jh. in Toronto, das aber neben Montréal lange die zweite Geige spielte. Erst nach dem Zweiten Weltkrieg holte Toronto auf: Über den 1959 fertig gestellten St. Lawrence Seaway fuhren nun ozeangängige Frachter bis zum Hafen von Toronto, Einwanderer strömten in die Stadt, und viele Firmen zogen in den 1970er-Jahren – verschreckt durch die Sezessionsdrohungen der Québecer – von Montréal hierher um. 1980 überflügelte Toronto Montréal sogar in der Einwohnerzahl und wurde zur mächtigsten Stadt Kanadas, zum wirtschaftlichen Motor des gesamten Landes. Gut 20 Prozent aller in Kanada hergestellten Waren kommen von hier.

Hoch hinaus: Der CN Tower ist das Wahrzeichen von Toronto

Auch Businessmen brauchen Pausen

Toronto ist ebenso die Stadt der Verlage und der Kultur. Nationalballett und -oper sowie das *Toronto Symphony Orchestra* sind hier zu

Ultramoderne Architektur mit spiegelnden Fassaden: Downtown Toronto

Hause. Aber trotz der Größe ist Toronto im Vergleich zu den amerikanischen Großstädten verblüffend sauber und sicher. Und die Luftqualität ist die beste unter den Metropolen der Welt.

SEHENSWERTES

Bay Street **[126 A–C 1–4]**
Im Herzen der Innenstadt, zwischen Queen und Front Streets, ist dies die »Wall Street Kanadas« wie die modernen Bürotürme der Banken und der großen Corporations zeigen. Die *Royal Bank* an der Ecke Wellington Street zeigt ihren Reichtum: In die spiegelnden Fenster der beiden Bürotürme sind 2500 Unzen Gold eingeschmolzen. Der auffälligste Prachtbau der Innenstadt erhebt sich gleich gegenüber: Im 1993 eröffneten *BCE Place* vereint die vom spanischen Architekten Santiago Calatrava entworfene *Galleria* historische Elemente mit avantgardistischem Design.

The Beaches **[0]**
Legeres, jugendliches Strand- und Wohnviertel mit Promenade am Seeufer. Boutiquen und Restaurants an der Queen Street Est. *Anfahrt mit Straßenbahn 501*

Chinatown **[126 A3]**
Im Viertel um die Kreuzung von Dundas Street und Spadina Avenue finden Sie die besten Chinalokale und exotischen Läden.

CN Tower **[126 B5]**
★ Über 100 km reicht der Blick vom höchsten, frei stehenden Turm der Welt (553,33 m); Die Aussichtsplattform (mit Glasboden!) liegt in 447 m Höhe – Drehrestaurant und Nachtclub immerhin noch auf 354 m. Im Fuß des Turms warten Kino und Flugsimulator. Gleich neben dem CN Tower erhebt sich das 60 000 Zuschauer fassende Stadion *Sky Dome* (Führung), dessen 3000 t schweres Dach sich in nur 20 Minuten öffnen oder schließen

kann. *301 Front St. W, im Sommer tgl. 9–23, sonst 9–22 Uhr, Eintritt 20 $, www.cntower.ca*

Insider Tipp

Distillery Historic District **[0]**

Die alte Schnapsfabrik im Osten der Innenstadt ist heute ein Denkmal der Industriegeschichte. In den alten Ziegelbauten residieren jetzt Coffeeshops und Galerien. Sehenswert: die Glasskulpturen der *Sandra Ainsley Gallery.* An Wochenenden im Sommer oft Festivals. *55 Mill St., www.thedistillerydistrict.com*

Fort York **[126 A5–6]**

In dem 1793 errichteten Palisadenfort erläutern Soldaten in originaler Uniform die Lebensweise in der früheren Garnison. *Garrison Rd., im Sommer tgl. 10–17, sonst 10–16, an Wochenenden bis 17 Uhr, Eintritt 6 $*

Harbourfront **[126 B–C 5–6]**

Die »Waterkant« Torontos war lange ein Stiefkind der City. Doch in den letzten Jahrzehnten wurden die Piers am Lake Ontario wieder zum Leben erweckt. Yachthäfen und Einkaufskomplexe entstanden. Am Queens Quay legen die Boote für ★ Hafenrundfahrten ab, Cafés laden zum Verweilen ein. Im *York Quay Centre* (Insider Tipp) zeigen junge Künstler in mehreren Werkstätten und Galerien ihre Talente. Kein Wunder, dass sich zwischen *Queen's Quay Terminal* und *Pier 4* am Wochenende halb Toronto drängelt.

Nathan Phillips Square **[126 B3]**

Das Herz der City: Hier steht hinter plätschernden Brunnen das 1965 vom finnischen Architekten Viljo Revell erbaute *Neue Rathaus.* Auf der Ostseite grenzen das *Alte Rathaus* von 1899 und das schicke Einkaufszentrum *Eaton Centre* an. Vor dem Platz verläuft die *Queen Street* gen Westen, ebenso wie die hinter dem Eathon Centre nach Norden führende *Yonge Street,* eine beliebte Shopping- und Restaurantstraße.

Path **[126 B–C 3–4]**

Der perfekte Schlechtwettertipp für alle Shopper: Das rund 11 km lange

MARCO POLO Highlights »Toronto«

★ **CN Tower**
Spektakulärer Blick vom höchsten Turm der Welt (Seite 28)

★ **Art Gallery of Ontario**
Hier hängt Meisterwerk an Meisterwerk (Seite 30)

★ **Hockey Hall of Fame**
Die ultimative Attraktion für Eishockeyfans (Seite 31)

★ **Eaton Centre**
Kaufrausch: Shoppingcenter mit 350 Läden (Seite 32)

★ **St. Lawrence Market**
Spezialität aus Ontario: Bacon on a Bun (Seite 32)

★ **Musicals**
Die besten Musicalproduktionen des Landes (Seite 33)

Art Gallery of Ontario: Henry Moore und andere große Künstler

unterirdische System von Einkaufspassagen und Malls verbindet die meisten größeren Bauten der Innenstadt.

Ontario Place **[O]**
Vergnügungspark mit großen Gärten auf drei künstlichen Inseln im Lake Ontario. Marinemuseum und Imaxkino. Viele Attraktionen für Kinder. *955 Lakeshore Blvd. W, Ende Juni–Anfang Sept. tgl. 10–20 Uhr, Eintritt 15 $*

Toronto Islands **[O]**
Schöner Blick auf die Skyline von Toronto sowie Parks und Strände locken zum Ausflug auf die kleine Inselgruppe etwa 3 km von der Harbourfront im Lake Ontario. *Fährverbindung vom Fuß der Bay St. aus*

TSX Broadcast Centre **[126 B4]**
Kanadas wichtigster Börsenplatz existiert nur virtuell als Netz von Finanzcomputern. Real ist lediglich dieses futuristische Besucherzentrum mit interaktiven Börsenspielen, Fernsehstudios und vielen Infos rund um die Aktienmärkte. *Exchange Tower, Ecke King/York St., im Sommer meist Mo–Fr 9–17 Uhr, Eintritt frei, www.tse.com*

MUSEEN

Art Gallery of Ontario **[126 A3]**
★ Das wohl beste Kunstmuseum Kanadas wird bis 2007 um einen Anbau von Frank Gehry erweitert und ist bis dahin nur teilweise zugänglich. Sehenswert: das *Henry Moore Sculpture Centre. Mi–Fr 10–21, Sa/So 10–17.30 Uhr, Eintritt 8 $, www.ago.net*

Bata Shoe Museum **[O]**
Nordamerikas einziges Schuhmuseum – in einem Bau, der die Form einer Schuhschachtel hat. Zu sehen

ist jede Art der Fußbekleidung von altägyptischen Sandalen bis zu Elton Johns Showstiefeln. *327 Bloor St. W, Mo–Sa 10–17, So 12–17 Uhr, im Winter Mo geschl., Eintritt 8 $, www.batashoemuseum.ca*

Hockey Hall of Fame **[126 C4]**
★ Alles über den eisigen Sport mit dem Puck: Ausstellungen über die Eislegende Wayne Gretzky, Trikots aus aller Welt und interaktive Ausstellungen, in denen Sie Sportreporter und Goalie spielen dürfen. Auch der legendäre *Stanley Cup*, Kanadas wichtigste Trophäe, ist zu bewundern. *BCE Place, 30 Yonge St., Mo–Sa 9.30–18, So 10–18 Uhr, im Winter nur bis 17 Uhr, Eintritt 12 $, www.hhof.com*

Ontario Science Centre **[0]**
Großes Technikmuseum mit vielen verblüffenden Experimenten, die Sie selbst ausprobieren können. Besonders interessant: ein dampfender Regenwald. *North York, 770 Don Mills Rd., tgl. 10–17, im Sommer bis 18 Uhr, Eintritt 14 $, www.ontariosciencecentre.ca*

Royal Ontario Museum **[126 A1]**
Das größte Museum der Stadt, wenn nicht ganz Kanadas: Dionosaurierskelette, ägyptische Mumien, antike Skulpturen, chinesische Gräber und europäisches Kunsthandwerk. Große Sonderausstellungen. Angeschlossen ist das gegenüber liegende *George R. Gardiner Museum of Ceramic Art*, das eine ausgezeichnete Sammlung von Majoliken besitzt. *100 Queens Park, tgl. 10–18, Fr bis 21.30 Uhr, Eintritt 15 $, www.rom.on.ca*

ESSEN & TRINKEN

Avli Restaurant **[0]**
Souvlaki und Moussaka mitten im griechischen Viertel, das auch abends zum Flanieren sehr beliebt ist. *401 Danforth Ave., Tel. 416/461-95 77,* **€**

Insider Tipp

Bright Pearl Seafood Restaurant **[126 A3]**
Insider Tipp
Exzellente fernöstliche Kost im Herzen von Chinatown. Gutes *Dimsum* zu Mittag. *346 Spadina Ave., Tel. 416/979-39 88,* **€–€€**

Queen Street West

Boulevard der Szene

Hier zeigt die Vielvölkerstadt ihr südländisches Temperament, trifft die Avantgarde auf die Einwandererkulturen. Besonders am *weekend* ist hier die Hölle los: Rastajünger, schicke Girls auf Rollerblades, Althippies und junge Punks bevölkern die Szenemeile. Von University bis Spadina Avenue herrscht reges Getümmel in arrivierten Läden wie *Banana Republic* oder *The Gap*. Die Avantgarde ist weitergezogen ins Viertel *West Queen Street West* jenseits der Bathhurst Avenue. Schräge Designläden, Kunstgalerien und Modeboutiquen bestimmen dort das Bild. Tipp für eine Pause: das originale Italocafé *Terroni (Nr. 720)*.

Canoe [126 A4]
Elegant und teuer: neukanadische Haute Cuisine mit Wolkenkratzerblick aus dem 54. Stockwerk der TD-Bank. Etwas preiswerterer Lunch. *66 Wellington St. W, Tel. 416/364-00 54, €€€*

Fez Batik [126 A4]
Legeres Szenerestaurant mit marokkanischem Touch. Nach dem Dinner gibts im Obergeschoss Dancing bei Acid-Jazz. *129 Peter St., Tel. 416/204-96 60, €–€€*

Kit Kat [126 B4]
Witziges italienisches Lokal mit hübschem Innenhof. *297 King St. W, Tel. 416/977-44 61, €€*

Rodney's Oyster House [126 C3]
Ein uriges Kellergewölbe mit Fischmarkt und lebhaftem Restaurant. Spezialität sind Austern und Hummer. Terrasse oben im Hof. *469 King St. W, Tel. 416/363-81 05, €€*

EINKAUFEN

Bloor, Yonge und *Queen Street* sind die wichtigsten Einkaufsstraßen. Elegante Läden finden Sie in *Yorkville* und buntes Markttreiben der Einwanderer auf dem *Kensington Market (Kensington Ave., nördlich der Dundas St.).*

Eaton Centre [126 B3]
★ Der schönste Konsumtempel der Stadt: eine dreistöckige Mall mit ca. 350 Läden, zwei Kaufhäusern und einer Schneegansskulptur von Michael Snow. *Yonge St. zwischen Dundas St. und Queen St.*

St. Lawrence Market [126 C4]
★ Seit 1803 ist hier am Samstag Markttag. Die Metzgereien, Fischläden und Bäckereien im Südteil des Marktgebäudes sind auch werktags geöffnet – und *Bacon on a Bun* zum Frühstück ist hier Tradition. *Front St./Jarvis St.*

Kensington Market: Die Auswahl ist groß, das Gemüse frisch

ÜBERNACHTEN

The Drake **[0]**
Eklektisches Avantgardehotel mit Nachtclub und Sushibar. *20 Zi., 1150 Queen St. W, Tel. 416/531-50 42, www.thedrakehotel.ca, €€–€€€*

Fairmont Royal York **[126 B–C4]**
Prunkvolles, renoviertes Schlosshotel im Stadtzentrum. *1365 Zi., 100 Front St. W, Tel. 416/368-25 11, www.fairmont.com, €€–€€€*

Hotel Victoria **[126 C4]**
Schon älter, aber frisch renoviert und im Herzen der City. *56 Zi., 56 Yonge St., Tel. 416/363-16 66, www.hotelvictoria-toronto.com, €–€€*

Madison Manor **[0]**
Frühstückspension in einer viktorianischen Villa im Univiertel. Pub und U-Bahn nebenan. *23 Zi., 20 Madison Ave., Tel. 416/922-55 79, www.madisonavenuepub.com, €–€€*

Toronto Bed & Breakfast
Eine verlässliche Agentur für Privatquartiere. *253 College St., Tel. 705/738-94 49, Fax 738-01 55, www.torontobandb.com, €–€€*

AM ABEND

Konzerte können Sie in der *Roy Thomson Hall (Tel. 416/872-42 55)*, Opern und Ballettaufführungen im *Hummingbird Centre for the Performing Arts (Tel. 416/393-74 76)* genießen. Dazu laufen in den prächtig renovierten Theatern des Westend zahlreiche ★ *Musicals*, die denen in New York in nichts nachstehen. Das schicke *Yorkville*, die *King Street* sowie vor allem die *Queen Street* sind beliebte Reviere für Bargänger und Musikfans. Gern aufgesuchte Treffs: die Tanzclubs *Easy and the Fifth (225 Richmond St. W)* und *The Guvernment (132 Queen's Quay E)*, die Szene-Bar *Indian Motorcycle (355 King St. W)* und der verrückte Schwulentreff *Zelda's (542 Church St.)*. Insider Tipp Jazz bietet die *Rex Bar (194 Queen St.)*, Salsa zum Abtanzen das *Ba ba lúu (136 Yorkville Ave., mit Tanzkursen)*, Acid-Rock der Draculaschuppen *Bovine Sex Club (542 Queen St.)*, flippige Musik das Thailokal *Rivoli (332 Queen St. W)* und klassischen Rock die *Horseshoe Tavern (370 Queen St. W)*.

T. O. Tix **[126 B1]**
Ticketagentur, die für denselben Abend Karten zum halben Preis verkauft. *Kiosk im Eaton Centre, Ecke Yonge/Dundas St., Di–Sa 12–18.30 Uhr, Tel. 416/536-64 68, www.totix.ca*

AUSKUNFT

Toronto Visitors Association **[126 C3]**
207 Queen's Quay W, Tel. 416/203-26 00, www.torontotourism.com

ZIEL IN DER UMGEBUNG

McMichael Canadian Art Collection **[120 C4]**
Das Museum in einem 0,4 km^2 großen Park bei Kleinburg ca. 40 km nördlich von Toronto zeigt Kunst der Ureinwohner und bedeutende Gemälde kanadischer Künstler, darunter auch Landschaftsbilder der *Group of Seven*. *10365 Islington Ave., tgl. 10–17, im Winter bis 16 Uhr, Eintritt 15 $, www.mcmichael.com*

Land der Tausend Seen

Städte und Kulturlandschaften, Wildnis und Wälder – Ontario bietet alles

Ontario – glitzerndes Wasser. So nannten die Indianer die gewaltige Region zwischen den Großen Seen und der Hudson Bay. Ontario ist das klassische Kanada der Granitkuppen und ungezählten Seen, der schmucken Farmstädtchen und herbstfarbenen Wälder. Es ist ein Ferienland mit alten Forts an den ehemaligen Kanurouten der Pelzhändler, mit feinsandigen Stränden an den Ufern von Lake Ontario, Lake Erie und Lake Huron – und mit der berühmtesten Attraktion Nordamerikas, den Niagarafällen.

Ontario, mit rund 1 Mio. km² Fläche hinter Québec die zweitgrößte Provinz Kanadas, gilt als die reichste Region des ganzen Landes. Gewaltige Vorkommen von Bodenschätzen liegen im harten Fels des Kanadischen Schilds im Norden. Das milde, sonnige Klima im Süden begünstigt die Landwirtschaft, Obstplantagen und Weingärten breiten sich aus.

Der weitaus größte Teil der rund 12 Mio. Einwohner (mehr als ein Drittel der Gesamtbevölkerung) lebt im Süden der Provinz, vor allem im Großraum der Metropolen Toronto und Hamilton am Westrand des Lake Ontario. Der riesige, nur dünn besiedelte Norden ist dafür nach wie vor die Domäne der Holzfäller und Bergleute, der Jäger und Angler. Die Ontarians sind zumeist Nachfahren der britischen Einwanderer, doch im Osten der Provinz leben auch zahlreiche Frankokanadier. Rings um Kitchener haben sich verstärkt die Deutschen niedergelassen.

Einer der vielen Seen Ontarios, die der Provinz ihren Namen gaben

Natur pur: Point Pelee National Park

Algonquin Provincial Park

[120–121 C–D3] ★ Im beeindruckenden, ältesten Naturpark Ontarios dehnen sich auf über 7600 km² Mischwälder und Seen aus, die Heimat von Elchen, Schwarzbären und

Mit dem Kanu durch den Algonquin Provincial Park

Bibern. Der Park ist sehr gut zugänglich, zahlreiche kurze Lehrpfade erschließen vom Highway 60 aus die typischen Vegetationszonen. Und 1600 km Kanuwanderrouten führen ins einsame Hinterland. Im *Visitor Centre* am Highway 60, dem auch ein Museum angeschlossen ist, bekommen Sie Karten für Wanderungen und Kanutouren. Vermietung von Kanus und Ausrüstung (auch geführte Touren) bei *Algonquin Outfitters (Oxtongue Lake, Dwight, Tel. 705/635-22 43, www.algonquinoutfitters.com)*.

Eine große Ferienlodge mit Blockhütten am See mitten im Park ist *Arowhon Pines (50 Zi., Algonquin Park, Tel. 705/633-56 61, im Winter 416/483-43 93, www.arowhonpines.ca, inkl. Vollpension €€€)*. Komfortable Zimmer und Blockhütten mit Seeblick am Westeingang des Parks besitzt die *Nor'loch Lodge (35 Zi., Dwight, Tel. 705/635-22 31, www.norloch.com, €€)*.

ZIEL IN DER UMGEBUNG

Haliburton Forest [120–121 C–D3] Insider Tipp
Am Südrand des Algonquin Parks, rund 2 Stunden Fahrt vom Westeingang, liegt dieses faszinierende Ökozentrum mit Wolfsgehege und einem Lehrpfad in den Baumwipfeln; Camping, Kanuvermietung. *Im Sommer tgl. 10–17 Uhr, Eintritt 15 $, www.haliburtonforest.com*

KINGSTON

[121 E4] In der alten Garnisonstadt (115 500 Ew.) am Abfluss des St. Lawrence aus dem Lake Ontario leben viele junge Leute, da sich hier mehrere Colleges – darunter die renommierte *Queens University* – befinden. Trotzdem pflegt die 1673 als Pelzhandelsposten gegründete Stadt mit ihren typischen blaugrauen Kalksteinhäusern und dem belebten Yachthafen ihre Geschichte.

MUSEEN

Fort Henry

In dieser beeindruckend trutzigen Festung über dem Strom dokumentiert ein Militärmuseum die Rolle Kingstons während des Kriegs 1812 gegen die USA. Im Sommer exerziert die Garde in prächtigen Uniformen *(tgl. 15 Uhr). Ende Mai bis Anfang Oktober 10–17 Uhr, Eintritt 11,25 $*

Marine Museum of the Great Lakes

Modelle, Landkarten – kurz, alles über die Schifffahrt auf den Großen Seen. Dazu ein originaler alter Eisbrecher, auf dem Sie auch übernachten können. *55 Ontario St., im Sommer tgl. 10–17 Uhr, Eintritt 5,25 $, www.marmus.ca*

Insider Tipp

ÜBERNACHTEN

Frontenac Club Inn

Gepflegte Pension in einer alten Bank in der Altstadt. *13 Zi., 225 King St. E, Tel. 613/547-61 67, www.frontenacclub.com,* €€

TOUREN

Island Queen

Bootstouren ins Insellabyrinth der *Thousand Islands. Abfahrten tgl. am Crawford Dock, Tel. 613/549-55 44, Fahrpreis 18,25–61 $*

KITCHENER/ WATERLOO

[120 B5] Auf der Speisekarte vieler Restaurants stehen Schnitzel und Sauerkraut. Maibaum und Glockenspiel zieren die Hauptstraße, und auf dem *Farmers Market* werden Würste und Schwarzbrot angeboten. Kein Zweifel, die geschäftige Doppelstadt (450 000 Ew.) – heute vor allem als Sitz zahlreicher Versicherungsgesellschaften bekannt – verleugnet ihre Herkunft nicht. Die Region um Kitchener, das bis zum

MARCO POLO Highlights »Ontario«

★ **Algonquin Provincial Park**
Seen und Wälder in Ontarios schönstem Park (Seite 35)

★ **Sainte-Marie among the Hurons**
Das Leben der Indianer und Missionare im 17. Jh. (Seite 38)

★ **Niagara Falls**
Naturwunder und Touristenspektakel (Seite 39)

★ **Niagara-on-the-Lake**
Pionierstädtchen: touristisch, aber hübsch (Seite 40)

★ **Canadian Museum of Civilization**
Schätze aus allen Regionen Kanadas und beeindruckende Totempfähle (Seite 41)

★ **Old Fort William**
Die Welt der Trapper und Indianer (Seite 45)

Mennoniten

Leben wie die Vorväter

Sie haben keine Autos, Telefone und Computer. Bluejeans und Schmuck gelten ihnen als Teufelswerk. Die Mennoniten – angesehen als erfolgreiche Bauern – sind eine ganz besondere Einwanderergruppe Kanadas. Vor fast 200 Jahren kamen die Anhänger dieser christlichen Wiedertäufersekte aus Deutschland und der Schweiz und leben bis heute ganz nach Sitte ihrer Ahnen. Zwischen Heidelberg, Elmira und Elora nördlich von Kitchener sieht man sie häufig mit ihren Pferdedroschken fahren oder auf den Feldern pflügen – mit Rössern natürlich. In St. Jacobs veranschaulicht ein *Visitor Centre (33 King St.)* ihren Glauben. Donnerstags und samstags verkaufen die Familien Gemüse, Marmelade und Würste auf dem *Farmer's Market (Hwy. 86, Exit Rd. 15)*.

Ersten Weltkrieg noch Berlin hieß, ist das wichtigste Siedlungsgebiet der Deutschen in Kanada. Englisch ist zwar längst die vorherrschende Sprache, doch jeden Herbst erinnern sich die Nachkommen der Einwanderer an ihren urdeutschen Bierdurst und feiern ein großes Oktoberfest.

Der *Benjamin's Restaurant & Inn* ist ein Restaurant von 1852. Im Obergeschoß warten neun einfache, aber gemütliche Zimmer *(1430 King St. N, St. Jacobs, Tel. 519/664-37 31, www.stjacobs.com/benjamins, €–€€)*.

Manitoulin Island

[120 A3] Fünf Indianerreservate liegen auf der 176 km langen Insel im Lake Huron, der weltgrößten Insel in einem Süßwassersee. In den kleinen Orten der Reservate können Sie mit Stachelschweinborsten verzierte geflochtene Körbe aus Gras und anderes Kunsthandwerk der *Ojibwa* erwerben. Großes *Powwow* Anfang August.

Midland

[120 C4] Ein Erholungsort (16 000 Ew.) und Wassersportzentrum am Südufer der Georgian Bay. Hier, im Stammesgebiet der Huronen, gründeten Jesuiten 1639 eine Mission – mit wenig Erfolg: Acht Missionare starben am Marterpfahl.

Museen

Huronia Museum

Exponate zur Geschichte der Huronen und ein nachgebautes Indianerdorf. *Little Lake Park, tgl. 9-17 Uhr, sonst Sa/So geschl., Eintritt 6 $*

Sainte-Marie among the Hurons

★ Eindrucksvolle Rekonstruktion der mit Palisaden bewehrten Jesuitenmission von 1639. *Am Hwy. 12, Ende Mai–Anfang Okt. tgl. 10 bis 17 Uhr, Eintritt 11 $*

ÜBERNACHTEN

Hillside Inn
Historisches Haus mit Blick aufs Wasser. *4 Zi., 27 Church St., Penetanguishene, Tel. 705/549-54 62, www.hillsideinnbanb.com, €*

ZIELE IN DER UMGEBUNG

Georgian Bay Islands National Park [120 C3–4]
Die wildromantische Inselgruppe im Südosten der Georgian Bay wurde durch die Gemälde der *Group of Seven* berühmt. Bootstouren und Wassertaxis zu den Inseln. *Abfahrt in Midland und in Honey Harbour am Ende des Hwy. 5*

Wasaga Beach [120 C4]
Sehr populärer Ferienort mit 14 km langem Sandstrand, ca. 50 km südwestlich von Midland. Wasserparks, Minigolfplätze, nette Ferienmotels – kurz: sommerlicher Strandtrubel.

NIAGARA FALLS

[120 C5] ★ Die schäumenden Wasserfälle am Niagara River, der den Lake Erie mit dem Lake Ontario verbindet, sind zweifellos eines der größten Naturschauspiele Nordamerikas, doch ebenso unbestreitbar ist, dass man sie gnadenlos vermarktet. Seit der Jesuitenmissionar Louis Hennepin 1678 als erster Weißer die Fälle sah, hat sich vieles geändert. Zwei Städte, die den Namen *Niagara Falls* tragen, liegen heute zu beiden Seiten des Flusses, der hier die Grenze zwischen Kanada und den USA bildet. In der Mitte tosen die Wasserfälle, umgeben von Gartenanlagen, geschützt als Naturpark. Ringsum tost der touristische Rummel mit zahllosen Attraktionen. Einige nehmen sich die Wasserfälle zum Thema, z. B. das *Niagara Daredevil Exhibit* mit dem empfehlenswerten Imax-Kino, in dem man filmisch mitreißend über die Fälle stürzt. Andere dagegen sind nur Trittbrettfahrer, die versuchen, vom Strom der Touristen zu profitieren: neonflimmernde Kuriositätenkabinette, Achterbahnen und Wasserparks. Dazu Souvenirs in allen Farben und Formen.

Wenn Ihnen da nach Flucht zu Mute wird, versuchen Sie es mit einer Fahrt auf dem *Niagara Parkway*, der parallel zur Schlucht des Flusses durch Grünanlagen und vorbei an den *Botanical Gardens* nach Norden zum Lake Ontario führt.

SEHENSWERTES

Horseshoe/American Falls
Die 54 m hohen kanadischen *Horseshoe Falls* sind weit beeindruckender als die 56 m hohen, 323 m breiten *American Falls*, da sie sich in weitem Bogen 670 m im Halbrund spannen. Die schönsten Aussichtspunkte liegen auf kanadischem Ufer am *Table Rock House* und auf der amerikanischen Seite auf *Luna Island*. Abends farbige Illumination.

Maid of the Mist
Die Bootstouren zum Fuß der donnernden Wassermassen sind ein feuchtes, aber grandioses Erlebnis. *Abfahrt am Anfang der Clifton Hill St., Fahrpreis 13 $*

Table Rock/ Journey behind the Falls
Mitten in der Gischt: Auf der kanadischen Seite der *Horseshoe*

Niagara Falls: Mit donnerndem Getöse stürzen die Wassermassen in die Tiefe

Falls führt ein Aufzug zu einem Aussichtsplateau unterhalb der Fallkante. *Tgl. 9-17.30, Sa bis 19.30 Uhr, Eintritt 10 $*

ESSEN & TRINKEN

Queenston Heights
Schön gelegenes Terrassenlokal am Niagara Parkway etwa 15 Fahrminuten stromabwärts. Beliebt zum Sonntagsbrunch. *Queenston Heights Park, Tel. 905/262-42 74,* €€

Skylon Dining Room
Drehrestaurant mit Panoramablick auf die Fälle. *Tel. 905/356-26 51,* €€

ÜBERNACHTEN

Carriage House
Solides Motel, etwas außerhalb gelegen. *120 Zi., 8004 Lundy's Lane, Tel. 905/356-77 99, www.chfalls.com,* €–€€

Michael's Inn
Eine Paradiesherberge für Flitterwöchner. *130 Zi., 5599 River Rd., Tel. 905/354-27 27, www.michaelsinn.com,* €€€

South Landing Inn Insider Tipp
Ein gemütlicher Country Inn stromabwärts. *23 Zi., 21 Front St. S, Queenston, Tel. 905/262-46 34, www.southlandinginn.com,* €€

AUSKUNFT

Niagara Falls Visitors Bureau
Großes Infozentrum im Table Rock House bei den Fällen und 5515 Stanley Ave., Niagara Falls, Tel. 905/356-60 61, www.discoverniagara.com, www.niagaraparks.com

ZIELE IN DER UMGEBUNG

Niagara-on-the-Lake **[120 C5]**
★ Schon die Anfahrt über den *Niagara Parkway* lohnt sich.

Das Städtchen an der Mündung des Niagara River in den Lake Ontario rund 15 km nördlich der Fälle entzückt mit hübschen historischen Backsteinhäusern und viktorianischen Fassaden aus dem 19. Jh. Das den ganzen Sommer über dauernde *Shaw-Festival* ist weithin berühmt.

St. Catharines **[120 C5]**
Die Stadt liegt im Zentrum einer großen Obstbauregion gut 20 km westlich der Niagarafälle. Wein, Pfirsiche, Erdbeeren und Gemüse gedeihen gut im milden Klima der Niagara-Halbinsel. Mit zahlreichen Festen im Frühjahr und Herbst feiert die Stadt ihre landwirtschaftliche Produktion. An der Schleuse Nr. 3 des Wellandkanals können Sie den überaus regen Schiffsverkehr auf dem St. Lawrence Seaway beobachten.

OTTAWA

[121 E3] Die Hauptstadt Kanadas (1,2 Mio. Ew.) am Ottawa River wird aufgrund ihrer Lebensart und Lebensqualität gerühmt. Zwar ist es die – der Temperatur nach – kälteste Hauptstadt der westlichen Welt, aber auch eine der blitzsauberen. Es gibt keine luftverqualmenden Industrien – die Arbeit Ottawas ist allein das Regieren der Nation.

Britische Traditionen wie der zeremonielle Wachwechsel der Garde vor dem Parlament werden als beliebte Touristenspektakel beibehalten *(im Sommer tgl. 10 Uhr)*. Doch sonst hat die leichtere französische Lebensart, die aus Québec über den Ottawa River schwappt, die früher steife Hauptstadt in eine ungemein lebensfrohe Metropole verwandelt. Vor allem an Kultureinrichtungen mangelt es nicht: Es gibt ein hochmodernes *National Arts Centre* mit einem Opernhaus und Museen für jedes Interessengebiet. Vom kanadischen *Skimuseum* über ein *Briefmarkenmuseum* bis zum sehenswerten *Technikmuseum* ist für Interessierte alles Erdenkliche zu bestaunen. Erholen kann man sich danach in den Cafés um den bunten *Byward Market* in der Altstadt oder in einem der vielen Parks am *Rideau Canal*, der sich wie eine blumenumkränzte Gracht durch die Innenstadt zieht.

SEHENSWERTES

Parliament Hill
Die beherrschende Position der City nimmt auf einer Klippe am Südufer des Ottawa River das Parlament Kanadas ein. Der prunkvolle neogotische Bau wurde 1859 begonnen, nur zwei Jahre nachdem Königin Victoria das abgelegene Holzfällercamp *Bytown* zur neuen Hauptstadt Kanadas bestimmt und damit alle Hoffnungen Montréals und Torontos zerstört hatte. Innerhalb weniger Jahre entstand ein »Westminster in der Wildnis«. Der beste Blick bietet sich vom *Nepean Point*, wo Samuel de Champlain von einem Podest aus über den Ottawa River blickt, den er 1613 als erster Weißer befuhr. *Kostenlose Führungen, im Sommer tgl. um 10 Uhr zeremonieller Wachwechsel und abends Son-et-Lumiére-Shows*

MUSEEN

Canadian Museum of Civilization
★ Spektakuläre Architektur am Ufer des Ottawa River. Das 1989 eröffnete Museum beherbergt aus-

gezeichnete Sammlungen zu den Indianer- und Inuitkulturen Kanadas (sehr sehenswerte Totempfähle) sowie zur Pioniergeschichte. *Hull, 100 Laurier St., tgl. 9–17, im Sommer bis 18, Do/Fr bis 21 Uhr, im Winter Mo geschl., Eintritt 10 $, www.civilization.ca*

Canadian Museum of Contemporary Photography
Wechselnde Ausstellungen avantgardistischer Fotografie in einem alten Gewölbe am Beginn des Rideau Canal. *Tgl. 10–17, Do bis 20 Uhr, Eintritt 4 $, http://cmcp.gallery.ca*

National Gallery of Canada
Exzellente kanadischer Kunst, aber auch europäische Highlights in einem sehenswerten Bau von Moshe Safdie. *380 Sussex Dr., im Sommer tgl. 10–17, Do bis 20, im Winter nur bis 17 Uhr und Mo/Di geschl., Eintritt 6 $, http://national.gallery.ca*

Turtle Island
Ein Indianercamp als Freiluftmuseum am Ottawa River. *Im Sommer tgl. 11–18 Uhr, Eintritt 7–20 $, www.aboriginalexperiences.com*

ESSEN & TRINKEN

Beavertails Pastry
Schmalzgebäck, eine Spezialität Ottawas, direkt vom Bäckerstand am Byward Market. Probieren Sie *Killaloe Sunrise* – mit Zitrone. *Ecke York/William St.,* €

Blue Cactus Grill
Buntes Trendlokal. Tex-Mex-Küche und große Bar. *2 Byward Market, Tel. 613/241-70 61,* €–€€

Le Café
Im Sommer sitzen Sie auf der Terrasse mit Blick auf den Rideau Canal. *National Arts Centre, Tel. 613/594-51 27,* €€

Bibliothek des neogotischen Parlaments in Ottawa

Le Jardin
Gepflegte französische Küche wird Ihnen in einer eleganten alten Villa aufgetischt. *127 York St., Tel. 613/241-14 24,* €€€

EINKAUFEN

Das *Rideau Centre (Ecke Rideau St./Colonel By Dr.)* ist das beliebteste Einkaufszentrum der Innenstadt mit über 200 Geschäften. In der Fußgängerzone *Sparks Street Mall* drängen sich kleine Buchläden, Galerien und Boutiquen.

ÜBERNACHTEN

Albert House Inn
Ein gepflegtes B & B, zentral gelegen. *17 Zi., 478 Albert St., Tel. 613/236-44 79, www.albertinn.com,* €–€€

Insider Tipp **L'Auberge du Marché**
Einfache Frühstückspension, gut gelegen nahe dem Byward Market. *4 Zi., 87 Guigues St., Tel. 613/241-66 10, www.aubergedumarche.ca,* €–€€

Fairmont Château Laurier
1912 errichtet, bietet dieses historische Grandhotel im Stil eines Schlosses – einst Wohnsitz des Premierministers Sir Wilfried Laurier – gediegenen Luxus mit Blick auf das Parlament. *426 Zi., 1 Rideau St., Tel. 613/241-14 14, www.fairmont.com,* €€–€€€

TOUREN

Paul's Boat Lines
Sightseeingfahrten auf dem Ottawa River und dem Rideau Canal. *Abfahrt bei den Ottawa Locks, neben dem Museum of Civilization und hinter dem Conference Center, Tel. 613/225-67 81*

AM ABEND

Theater, Ballett und Konzerte können Sie im *National Arts Centre* erleben *(Info-Tel. 613/947-70 00).* Treffpunkt der Szene sind die Clubs und Bars in der Innenstadt wie die *Barrymore's Music Hall (323 Bank St.)* und am Byward Market das *Rainbow Bistro (76 Murray St.).*

AUSKUNFT

Ottawa Tourism
Infobüro gegenüber Parlament. 90 Wellington St., Tel. 613/239-50 00 oder 273-51 50, www.ottawatourism.ca, www.ottawakiosk.com

ZIELE IN DER UMGEBUNG

Morrisburg **[121 E4]**
Kanadische Pioniergeschichte ist die Attraktion dieses Städtchens (2500 Ew.) rund eine Stunde Fahrt südöstlich von Ottawa. Beim Bau des St. Lawrence Seaway musste der komplette Ort an das neue, höhere Ufer umziehen. Die 35 alten Häuser der Loyalistensiedler wurden restauriert und im Museumsdorf *Upper Canada Village* am Highway 2 aufgestellt. Erleben Sie den Alltag um 1800: Die Bauern pflügen mit Ochsen, in der Stube wird Garn gesponnen *(im Sommer tgl. 9.30–17 Uhr, Eintritt 17 $, www.uppercanadavillage.com).*

Nördlich des Städtchens führt die Panoramastraße *Long Sault Parkway* vorbei an hübschen Badeplätzen und Aussichtspunkten über elf Inseln im St. Lawrence. Insider Tipp

Indianerdenkmal in Sault Sainte Marie

Parc de la Gatineau **[121 E3]**
Radwege und Panoramastraßen durchziehen den 360 km² großen wald- und seenreichen Park am Nordufer des Ottawa River direkt vor den Toren der Stadt. Die Aussichtspunkte sind besonders im Herbst während der Blätterfärbung ab Ende September besuchenswert. *Besucherzentrum bei Chelsea, Anfahrt über Hwy. 5*

POINT PELEE NATIONAL PARK

[120 A6] Der südlichste Punkt Kanadas – etwa auf demselben Breitengrad wie Rom – ist zugleich der beste Platz zur Vogelbeobachtung in Ostkanada: Auf der 20 km langen Sandbank im Lake Erie, deren Strände im Sommer ein beliebtes Badeziel der Kanadier sind, sammeln sich im Mai und September Zehntausende von Zugvögeln. Ein weiteres großartiges Naturschauspiel sind die Schwärme von Monarchschmetterlingen, die hier etwa Mitte September ihren 3000 km langen Flug nach Mexiko antreten. Ein Tipp für Hobbyornithologen: Machen Sie einen Tagesausflug per Schiff nach *Pelee Island.*

Insider Tipp

ZIEL IN DER UMGEBUNG

Dresden **[120 A5]**
Das Farmerstädtchen (2600 Ew.) nordöstlich des Nationalparks, rund eine Autostunde entfernt, spielte um 1850 zu Zeiten der amerikanischen Sklaverei eine wichtige Rolle, denn hier endete die *Underground Railroad,* die geheime Fluchtroute der Sklaven aus den Südstaaten. Einer der Flüchtlinge war ein gewisser Josiah Henson, dessen Leben vermutlich Vorbild für den 1852 erstmals erschienenen Roman »Onkel Toms Hütte« von Harriet Beecher Stowe wurde. Hensons

Insider Tipp

Insider Tipp

Haus ist heute zu einem interessanten literarischen *Museum (Park St. W)* umgestaltet.

SAULT SAINTE MARIE

[118 C6] Eine Industrie- und Hafenstadt (75 000 Ew.) an der Engstelle zwischen Lake Superior und Lake Huron. Die mächtigen Stromschnellen, an denen Jesuiten bereits 1669 eine Indianermission bauten, umgeht der heutige St. Lawrence Seaway in eindrucksvollen *Schleusenanlagen (Bootsfahrten vom Norgoma Dock aus).* »The Soo«, wie die Bewohner ihre Stadt nennen, ist vor allem ein guter Ausgangspunkt für Touren ins Hinterland, an die felsige Küste des Lake Superior oder zu den fischreichen Seen.

TOUREN

Algoma Central Railway

Ganztägige Bahnexkursionen zum Agawa Canyon. Besonders schön zur Blätterfärbung im Herbst. *129 Bay St., Tel. 705/946-73 00, www.agawacanyontourtrain.com*

AUSKUNFT

Algoma Travel Association

485 Queen St. E, Tel. 705/254-42 93, www.algomacountry.com

SUDBURY

[119 E6] Im Sudbury Basin, das vermutlich durch einen Meteoriteneinschlag geformt wurde, finden sich die weltweit größten Nickellagerstätten, außerdem Vorkommen von Kupfer, Eisenerz, Silber und Kobalt. So ist Sudburys Rolle als die wichtigste Bergwerksstadt Nordontarios (160 000 Ew.) zu verstehen. In der *Big Nickel Mine,* die zum Museumskomplex *Science North* gehört, zeigt die Austellung *Dynamic Earth* die Abbautechniken *(im Sommer tgl. 9–18, Eintritt Museum und Mine 30 $).* Ein beliebtes Revier für Kanufahrer ist der *Killarney Provincial Park* am Ufer der Georgian Bay südlich der Stadt *(Kanuvermietung am Eingang des Parks).*

Insider Tipp

THUNDER BAY

[118 A4] Die Stadt (125 000 Ew.) am Nordwestufer des Lake Superior liegt im Herzen des Kontinents – und besitzt dennoch den drittgrößten Hafen Kanadas. Über den St. Lawrence Seaway wird von hier Getreide aus den Prärien zum 3700 km entfernten Atlantik verschifft. Im *Centennial Park* am Current River sind Ausstellungen über die Holzfällerei zu sehen.

MUSEUM

Old Fort William

★ Am südwestlichen Stadtrand können Sie im rekonstruierten Pelzhändlerfort der *Montréaler North Western Company* von 1816 das Leben der Indianer und Trapper hautnah nachempfinden. *Broadway Ave., im Sommer tgl. 10–17 Uhr, Eintritt 14 $, www.fwhp.ca*

AUSKUNFT

Tourism Thunder Bay

Terry Fox Centre, Hwy. 11–17, Tel. 800/667-83 86, www.thunderbay.ca

Weltstadt mit gallischem Charme

Kunstgenuss, Bistros, Bars und elegante Boutiquen – in Montréal trifft die Alte auf die Neue Welt

Karte in der hinteren Umschlagklappe

In Montréal **[121 F3]**, mit über 3,6 Mio. Einwohnern die zweitgrößte Stadt Kanadas, ist es müßig, lediglich die – reichlich vorhandenen – Sehenswürdigkeiten und historischen Denkmäler abzuhaken. Diese Stadt will erlaufen und erlebt sein. Erst dann werden Sie ihr unvergleichliches Temperament, die Lebensfreude ihrer Bewohner und ihre vielfältige Kultur schätzen lernen. Gerade im Sommer, wenn das Leben vorwiegend im Freien stattfindet, in den Straßencafés und Parks, zeigt sich die Stadt von ihrer vergnüglichsten Seite.

70 Prozent der Montréaler sprechen Französisch als Muttersprache, und das gallische Temperament, die Freude am guten Essen, am vergnügten Plausch im Bistro, ist auch nach 200 Jahren Zugehörigkeit zum britischen Reich noch ungebrochen. Sperrstunde ist erst 3 Uhr morgens, und die Montréaler nutzen dies weidlich aus.

Die Stadt liegt auf der geografischen Breite von Mailand. Doch

Vom Historismus bis zur Moderne – Montréals Architektur bietet Stilvielfalt

Fast wie in Frankreich: Montréal

hier gibt es kein Mittelmeer und keine Alpen, die das Klima mildern könnten. So sind die Sommer heiß und oft auch schwül, die Winter dagegen bitterkalt und schneereich.

Kein schöner Empfang für die ersten französischen Siedler, die 1642 die Stadt gründeten. Sie mussten sich zudem noch mit den kriegerischen Irokesen herumschlagen, die auf der großen, 50 km langen Insel im St. Lawrence lebten. 1701 wurde Frieden geschlossen, und Montréal blühte als Siedlungszentrum und Pelzhandelsstadt auf.

Von hier aus drangen die Händler und Voyageurs in die Wälder des Westens und Nordens vor, von hier aus eroberten sie den Kontinent. Montréal war der letzte Hafen am St. Lawrence – über die Stromschnellen oberhalb der Siedlung konnten die Segler nicht vordrin-

Kurze Pause an der Place-des-Arts

gen. Diese Untiefen heißen auch noch heute *Lachine,* denn der Entdecker Jacques Cartier glaubte, dass dahinter China läge.

Im 19. Jh. wuchs Montréal schnell zur wichtigsten Stadt Kanadas heran. Doch die Separationskrise der 1970er-Jahre brachte eine schwere Rezession. Zahlreiche anglokanadische Firmen wanderten ins »sichere« Ontario ab. Erst Anfang der 1990er-Jahre begann ein neuer Aufschwung – es gibt sogar Rückkehrer aus Toronto, die den Lebensstil der frankokanadischen Welt einfach nicht missen wollen!

SEHENSWERTES

Die Orientierung in Montréal ist nicht schwer: Am Südufer der Île de Montréal liegt die winkelige Altstadt *(Vieux Montréal)* mit ihren kopfsteingepflasterten Gassen. Dahinter, in der sanft zum Fluss hin geneigten Ebene zwischen Altstadt und Mont Royal, ragen die Wolkenkratzer der Innenstadt auf. Westlich davon wird vorwiegend Englisch gesprochen, denn dort liegt *Westmount,* Wohn- und Einkaufsviertel der Anglomontréaler. Im Osten der Innenstadt verläuft der *Boulevard St-Laurent,* an dem sich die Einwandererviertel reihen und östlich dessen die rein französischen Viertel beginnen. Altstadt und Stadtzentrum lassen sich gut zu Fuß erschließen, die nächste U-Bahn-Station ist nie weit entfernt. Und noch eines: Verlaufen Sie sich ruhig, die freundlichen Montréaler bringen Sie gern wieder auf den richtigen Weg – und zeigen Ihnen vielleicht noch ein nettes Bistro um die Ecke.

Biodôme [O]

★ Das ehemalige Radstadion des *Parc Olympique* beherbergt heute ein Ökomuseum: Naturnah werden die vier wichtigsten Ökosysteme des amerikanischen Kontinents präsentiert, darunter Regenwälder und arktische Eishöhlen. *4777, Ave. Pierre de Coubertin, im Sommer tgl. 9 bis 18, sonst bis 17 Uhr, Eintritt 11,25 $*

Île Ste-Hélène [O]

Die Parkanlagen auf der kleinen, der Altstadt vorgelagerten Insel sind ein beliebtes Naherholungsziel der Montréaler. Hier steht neben dem Vergnügungspark *La Ronde* auch ein altes *Fort* von 1822 (mit Militärmuseum), in dem während des Sommers Soldaten in historischen Kostümen exerzieren. Im Südteil der Insel und auf der Nachbarinsel *Île Notre-Dame* fand 1967 die Weltausstellung statt, von der zahlreiche Bauten erhalten sind: Der ehemalige französische Pavillon beherbergt ein *Spielcasino,* in der riesigen Ku-

Insider Tipp gel *Biosphère* – zu Expozeiten der Pavillon der USA – können Sie Ausstellungen über die Ökologie des St.-Lawrence-Flusssystems und der Großen Seen erleben *(http://biosphere.ec.gc.ca)*. Auf der Île Notre-Dame liegt außerdem die Grand-Prix-Rennstrecke Montréals.

Jardin Botanique **[O]**
Montréals botanischer Garten zählt mit 30 verschiedenen Sektionen zu den besten der Welt, darunter ein eigener japanischer und indianischer Garten, dazu ein faszinierendes Insektarium, in dem über 4000 Käfer, Raupen, Schmetterlinge und Spinnen zu bewundern sind. *4101, Rue Sherbrooke Est, tgl. 9–17, im Sommer bis 18 Uhr, Eintritt 11,75 $*

Mont Royal **[U A2–3]**
Der Berg, der Montréal seinen Namen gab, ist heute ein gut 2 km² großer bewaldeter Park. Von der Aussichtsterrasse am *Grand Chalet* bietet sich ein großartiger Blick über die Innenstadt.

Parc Olympique **[O]**
175 m über dem Stadion der Sommerolympiade 1976 ragt der »Schiefe Turm von Montréal« auf. Morgens und abend ist der ★ Blick vom Turm des Olympiastadions am schönsten. *4141, Ave. Pierre-de-Coubertin, im Sommer tgl. 9–19, sonst bis 17 Uhr, Eintritt 13 $*

Rue St-Denis **[U C–E 1–2]**
Straßencafés, Kinos und kleine Restaurants prägen das Straßenbild um die *Université du Québec.* Nordwestlich davon – etwa an der Kreuzung zur Avenue du Mont-Royal – beginnt das lebendige Stadtviertel ★ *Plateau Mont-Royal.* In den Backsteinbauten der Einwanderer residieren heute flippige Boutiquen und Bistros. Tipp zur Stärkung: ein *bagel* in der Bäckerei *St-Viateur* Insider Tipp *(1127, Ave. du Mont-Royal Est).*

Rue Ste-Catherine **[U A–E 6–1]**
Die Hauptgeschäftsstraße der Innenstadt. Auf der Südseite des *Square Dorchester* (Infozentrum der Stadt) steht die *Cathédrale Marie-Reine-du-*

MARCO POLO Highlights »Montréal«

★ **Biodôme**
Ökoreise vom Regenwald bis in die Arktis (Seite 48)

★ **Blick vom Turm des Olympiastadions**
Weite Fernsicht über ganz Montréal (Seite 49)

★ **Plateau Mont-Royal**
Junge Szene, Trendläden und Cafés (Seite 49)

★ **Pointe-à-Callière**
Multimediashow und Ruinen tief im Untergrund (Seite 51)

★ **Marché Jean-Talon**
Ein Pariser Markt kann nicht schöner sein (Seite 52)

★ **Laurentides**
Das schönste Ziel für die Flucht ins Grüne (Seite 53)

Neogotische Pracht von 1843: Basilique Notre-Dame in Vieux Montréal

Monde, eine detailgetreue Verkleinerung des Petersdoms in Rom.

Vieux Montréal **[U E–F3]**
Um die Place Jacques Cartier und die Place d'Armes liegen die wichtigsten Sehenswürdigkeiten der Altstadt: die *Basilique Notre-Dame* (abends *Son-et-Lumière-Show),* die *Chapelle Notre-Dame-de-Bonsecours* und das *Château de Ramezay,* einst die Residenz der Gouverneure, heute Museum zur Stadtgeschichte. Werfen Sie auch einen Blick in den klassizistischen Kuppelbau des *Marché Bonsecours* an der Rue St-Paul, in dem häufig Ausstellungen zu sehen sind. Und unten am Fluss locken die Piers des *Vieux Port* mit Imaxkino, Flohmärkten, Hafenrundfahrten und Sommerfestivals.

MUSEEN

Mit der *Carte Musées Montréal* können Sie zwei Tage lang rund 30 Museen besuchen.

Musée d'Art Contemporain **[U C–D3]**
Zeitgenössische Kunst, vielfach von Québecer Künstlern, in einem weitläufigen, postmodernen Bau. Guter Bookshop. *185, Rue Ste-Catherine Ouest, Di–So 11–18, Mi bis 21 Uhr, Eintritt 6 $, www.macm.org*

Musée des Beaux-Arts **[U B4]**
Das älteste Kunstmuseum Kanadas ist berühmt für seine großen Sonderausstellungen im Neubau von Moshe Safdie, dem Altmeister der kanadischen Architektur. Guter Museumsladen. *1379, Rue Sherbrooke Ouest, Di–So 11–17, Mi bis 21 Uhr, Eintritt frei, Sonderausstellungen 15 $, www.mbam.qc.ca*

Musée McCord **[U C3]**
Ein kleines, feines Museum zur Geschichte Kanadas, darunter herrliche Perlenstickereien der Indianer. *690, Rue Sherbrooke Ouest, Di–Fr 10–18, Sa/So 10–17 Uhr, Eintritt 10 $, www.mccord-museum.qc.ca*

Pointe-à-Callière **[U E4]**
★ Stadtgeschichte mal anders: Nach einer spektakulären multimedialen Einführung durchwandert man unter der Place Royale ein Labyrinth alter Gemäuer, vorbei am ersten Friedhof der Stadt, einer frühen Taverne und den Grundfesten des ersten Siedlerforts. *350, Place Royale, Mo–Fr 10–18, Sa/So 11–18, im Winter bis 17 Uhr und Mo geschl., Eintritt 11 $, www.pacmusee.qc.ca*

ESSEN & TRINKEN

Altitude 737 **[U C4]**
Schickes Dinnerlokal im 45. Stockwerk; tolle Bar auf der Terrasse. *1, Place Ville-Marie, Tel. 514/397-07 37,* €€–€€€

Ben's Smoked Meat **[U B4]**
Das würzige Rauchfleisch ist eine Montréaler Spezialität. *990, Blvd. Maisonneuve Ouest,* €

Insider Tipp **Chez L'Epicier** **[U E3]**
Moderne, innovative Québecer Cuisine, witzig gestylt als Krämerladen. *311, Rue St-Paul Est, Tel. 514/878-22 32,* €€

Globe **[U C2]**
Beliebtes Szenelokal mit schickem Publikum und hervorragender Québecer Nouvelle Cuisine. *3455, Blvd. St-Laurent, Tel. 514/284-38 23,* €€€

Maestro S.V.P. **[U E4]**
Für Liebhaber von Schalentieren: Dieses Bistro bietet 41 Arten von Muscheln und Austern. *3615, Blvd. St-Laurent, Tel. 514/842-64 47,* €€

Shed Café **[U C2]**
Nettes Kaffeehaus nebst Bar. Es gibt Pizza, Sandwiches und abends manchmal Livemusik. *3611, Blvd. St-Laurent, Tel. 514/842-02 20,* €

EINKAUFEN

Kaufhäuser wie *The Bay* und zahlreiche Boutiquen liegen an der *Rue Ste-Catherine*. Von hier haben Sie auch Zugang zu den weitläufigen

Ville Souterraine

Montréals Antwort auf den Winter

Mühelos könnte man in Montréal eine Woche ohne Mantel und Schal bei minus 20 Grad zubringen. *Ville Souterraine* **[U C–D 4–3]** heißt das Zauberwort: eine wetterfeste unterirdische Stadt, mit Passagen und Galerien von rund 30 km Länge. 200 Restaurants, 50 Banken, 40 Kinos, Theater, Konzertsäle und fast 2000 Läden sind dem klimatisierten Labyrinth im Bauch der Stadt heute angeschlossen. Der älteste Teil der Untergrundstadt liegt um die Place Ville-Marie. Die neuesten Prachtpassagen sind *Les Promenades de la Cathédrale* unter der Christ Church, *2020 University* sowie der postmoderne Turmbau *1000 de la Gauchetierre*, wo sich die Shops um einen Eislaufplatz gruppieren.

unterirdischen Ladenpassagen der *Ville Souterraine.*

Marché Jean-Talon **[O]**
★ Der schönste unter den Märkten Montréals: Ab 8 Uhr herrscht großes Gedrängel um Berge von Äpfeln und Artischocken. Exzellente Québecer Produkte wie Marmeladen und Liköre führt *Le Marché des Saveurs. Rue Casgrain/Rue Jean-Talon*

Insider Tipp

ÜBERNACHTEN

Auberge Alternative **[U E4]**
Nettes Backpacker-Hostel in der Altstadt. *358, Rue St-Pierre, Tel. 514/282-80 69, www.auberge-alternative.qc.ca,* **€**

Hôtel de Paris **[U D1]**
Einfaches Hotel in historischem Haus. Angeschlossen ist eine Jugendherberge. *39 Zi., 901, Rue Sherbrooke Est, Tel. 514/522-68 61, www.hotel-montreal.com,* **€–€€**

Hôtel Place d'Armes **[U E3]**
Elegantes kleines Hotel in einem schick renovierten Altbau mitten in Vieux Montréal. *135 Zi., 701, Côte de la Place d'Armes, Tel. 514/842-18 87, www.hotelplacedarmes.com,* **€€–€€€**

Le Jardin d'Antoine **[U D1]**
Gemütliche Pension im Studentenviertel, nahe zu Nightlife und Lokalen. *25 Zi., 2024, Rue St-Denis, Tel. 514/843-45 06, www.hotel-jardin-antoine.qc.ca,* **€€**

Ritz-Carlton **[U B4]**
Ein prachtvoll restaurierter Bau und immer noch die beste Adresse Montréals mit erstklassigem Service. Hier heiratete Liz Taylor ihren Richard. *229 Zi., 1228, Rue Sherbrooke Ouest, Tel. 514/ 842-42 12, www.ritzcarlton.com,* **€€€**

TOUREN

Neben Busrundfahrten *(Gray Line, (Tel. 800/594-33 10)* werden in der Altstadt und der Innenstadt auch Touren per Pferdedroschke angeboten. Abfahrtsort ist jeweils der Square Dorchester. Bootstouren durch den Hafen bieten *Croisères AML (Tel. 514/842-93 00)* und *Bateau Mouche (Tel. 514/849-99 52).*

AM ABEND

Ballett, Theater und Oper erleben Sie in den Kulturtempeln der *Place des Arts (Kartenbestellung unter Tel. 514/842-21 12).* Das Nachtleben konzentriert sich im mehr englischsprachigen Westend um die Rue Ste-Catherine und die Rue Crescent. Man trifft sich hier bei *Winnie's (1455, Rue Crescent),* im *Sir Winston Churchill (1450, Rue Crescent)* oder im schicken *Wienstein and Gavinos (1434, Rue Crescent).* Im Osten tobt die Szene um den Boulevard St-Laurent und die Rue St-Denis, einige Clubs liegen auch in Vieux Montréal.

Insider Tipp

Guten Jazz gibt es im *House of Jazz (2060, Rue Aylmer),* und im *Upstairs (1254, Rue MacKay, www.upstairsjazz.com).* In der jungen Szene angesagt sind vor allem die Poolbars, in denen man sich bei Drinks zum Billardspielen trifft, etwa im *Le Swimming (3643, Blvd. St-Laurent)* oder im *Bacci (3553, Blvd. St-Laurent).* Recht beliebt sind derzeit auch die Lokale *Le Saint-Sulpice (1680, Rue St-Denis),* die

Jello Bar (151, Rue Ontario Est), die Retro-Bar *GoGo Lounge (3682, Blvd. St-Laurent)* mit Lavalampen und psychedelischen Malereien an den Wänden oder der Studententreff *Café Campus (57, Rue Prince Arthur)*, in dem häufig Rockgruppen auftreten.

AUSKUNFT

Infotouriste **[U C4]**
Großes Informationsbüro mit Ticketschalter für Konzerte und Sportveranstaltungen. 1001, Square Dorchester, Tel. 514/873-20 15, www.tourisme-montreal.org

ZIELE IN DER UMGEBUNG

Chambly **[122 A5]**
Die Kleinstadt Chambly (20 000 Ew.), etwa 30 km östlich von Montréal, ist Ausgangspunkt für Touren in das Tal des Flusses Richelieu, das über Jahrhunderte die wichtigste Verbindung aus dem St.-Lawrence-Tal nach Süden war. Im restaurierten *Fort Chambly* von 1711 wird die wechselvolle Geschichte dieser von Irokesen, Franzosen, Engländern und Amerikanern umkämpften Region deutlich.

Laurentides **[121 F2]**
★ Die auf der Autoroute 15 in gut einer Stunde erreichbare Bergregion der Laurentides nördlich der Stadt ist das Naherholungsgebiet der Montréaler. Sie kommen in Scharen an den Wochenenden zum Angeln, Wandern und Baden bzw. zum Skilaufen. Werktags haben Sie das weitläufige Waldgebiet nahezu für sich. Ferienhotels und schöne Badeseen finden Sie vor allem um *Sainte-Adèle* und *Sainte-Agathe-des-Monts*. Im bereits 1894 gegründeten *Parc du Mont-Tremblant* können Sie auf Wanderungen oder Radtouren über 500 Seen und zahllose Wasserfälle entdecken.

Ob Jazz, Rock oder Disco – in Montréal wird Nightlife groß geschrieben

Das Kind Frankreichs in der Neuen Welt

Sympathisch altertümlich und quirlig modern – Kontraste am St.-Lawrence-Strom

Farbenrausch des Indian Summer

Wer von den Großen Seen kommend dem St. Lawrence nach Osten folgt, findet sich plötzlich in einer anderen Welt: Die Straßenschilder zeigen *rues* und *sorties* an und nicht mehr *streets* oder *exits.* In den uralten Bauerndörfern scharen sich normannisch anmutende Häuser um überdimensionierte katholische Kirchen. Das lebensfrohe Montréal (das ein eigenes Kapitel verdient hat) glänzt mit europäisch-südländischem Esprit, und die mittelalterlich wirkende Altstadt von Québec City ist sogar von einer Stadtmauer umkränzt.

Québec, die größte Provinz Kanadas, ist eine sprachliche und kulturelle Bastion Frankreichs im britisch-puritanischen Nordamerika. Lange regierte der *Parti Québecois* und betrieb die Unabhängigkeit. Seit 2003 aber ist die Liberale Partei an der Macht und hat die separatistischen Ziele zurückgesteckt. Ob deshalb der Untergang der frankokanadischen Kultur droht, wie manche Québecer befürchten, wird sich zeigen. Doch trotz vieler amerikanischer Einflüsse ist die gallische Kultur Québecs höchst vital und hat in den letzten 40 Jahren ihre Position sogar ausgeweitet. Wenn Sie Französisch sprechen, umso besser – die Québecer werden es Ihnen danken. Aber keine Angst, auch mit Englisch kommen Sie recht gut durch.

Ein historischer Leuchtturm weist den Weg nach Québec City

Der St.-Lawrence-Strom war der wichtigste Einwanderungskorridor Kanadas. Auf den fruchtbaren flachen Uferterrassen beiderseits des mächtigen Flusses siedelten bereits vor 350 Jahren die Kolonisten der französischen Krone. Heute leben in der Region von Montréal bis Québec City rund 90 Prozent der

Mit französischen Lilien: die Flagge von Québec

7,6 Mio. Québecer. Weiter östlich, auf der Halbinsel Gaspé und am Nordufer des St. Lawrence, wird die Besiedelung spärlicher und entfaltet sich die landschaftliche Schönheit der *belle province:* Die umbrandeten, fast 200 m hohen Klippen im *Parc National de Forillon* und die bizarren Felssäulen des *Mingan-Archipels* gehören zu den eindrucksvollen Landschaften am Atlantik.

Der weite Norden der Provinz schließlich, immerhin ca. vier Fünftel der Landfläche von 1,5 Mio. km², ist fast unbewohnt. Eine mit Seen durchsetzte Felslandschaft, von den Eiszeitgletschern rund geschliffen, dehnt sich bis zur Hudson Bay und zur Ungava Bay am Polarmeer. Das Urgestein des Kanadischen Schilds in dieser Region wurde durch seine großen Gold-, Kupfer- und Zinkvorkommen zur Schatztruhe Québecs. Zumindest der Südteil dieser rauen, ursprünglichen Landschaft, d. h. die waldreichen *Laurentian Mountains,* ist aber touristisch gut zugänglich: Naturparks laden zu Kanutouren ein, und die rustikalen Lodges sind ideale Stützpunkte zum Wandern im Sommer und zum Langlaufen im schneereichen Winter.

BAIE-COMEAU

[122 C2] Die Attraktionen der kleinen Hafenstadt (23 000 Ew.) an der einsamen Nordküste des St. Lawrence liegen tief in seinem bewaldeten Hinterland: Sieben riesige Dämme stauen die Flüsse Manicoagan und Outardes zur Stromgewinnung. Die Dämme *Manic 2* und der 150 m hohe *Manic 5* können besichtigt werden. Eine Fähre verbindet Baie-Comeau mit *Matane* am Südufer des St. Lawrence, sodass eine Rundfahrt an beiden Ufern des Stroms möglich ist.

Ein gediegenes altes Haus mit schönem Blick über die Küste ist *Le Manoir (56 Zi., 8, Ave. Cabot, Tel. 418/296-33 91, www.manoirbc.com, €€).*

BAIE-SAINT-PAUL

[122 B3] Das Städtchen (7300 Ew.) in den Hügeln am Nordufer des St. Lawrence ist seit langem ein beliebtes Ziel der Landschaftsmaler Kanadas. In den alten Häusern finden Sie zahlreiche Kunstgalerien wie das *Centre d'Art de la Baie-Saint-*

Paul (4, Rue Fafard) oder die *Maison René Richard (58, Rue St-Jean-Baptiste)*.

TOUREN

Îles aux Coudres
Eine Autofähre verkehrt vom Vorort *St.-Joseph-de-la-Rive* aus zu der 16 km langen Insel mit alten Mühlen und malerischen Dörfern.

Parc des Grands-Jardins
★ Die kahlen Hügelkuppen der Laurentides landeinwärts von Baie-Saint-Paul, ein Biosphärenreservat der Unesco, bewahren eine höchst ungewöhnliche subarktische Vegetation, ein Überbleibsel der letzten Eiszeit: Wiesen voll weißem Rentiermoos und kleine, wie Taiga anmutende Wäldchen aus Miniaturfichten *(Zufahrt über die Route 381, Infozentrum, Ausstellungen, Wanderwege und Campingplätze)*. Unmittelbar nördlich davon, wo der Rivière Malbaie eine spektakuläre, über 500 m tiefe Schlucht in den harten Granit des Kanadischen Schilds gekerbt hat, entstand jüngst der *Parc Hautes-Gorges. Info für beide Parks Tel. 418/439-12 27, auch Kanuvermietung und Camping*

Insider Tipp

GASPÉ-HALBINSEL

Auf der etwa 300 km langen Landzunge, an deren Nordküste das Meer tief in den Mündungstrichter des St. Lawrence eindringt, können Sie einige der eindrucksvollsten Landschaften Québecs erleben. Besonders schön ist hier eine Tour im Farbenrausch des Indian Summer.

SEHENSWERTES

Rocher Percé
★ Der gewaltige, gut 90 m hohe und rostrote Felsen ist das Wahrzeichen der Halbinsel und ragt ganz im Osten nahe dem Örtchen *Percé* aus der Brandung. Bei Ebbe können Sie auf eine Sandbank hinausgehen und die im Schieferfels eingeschlossenen

MARCO POLO Highlights »Québec«

★ **Parc des Grands-Jardins**
Touren durch subarktische Vegetation und tiefe Schluchten (Seite 57)

★ **Rocher Percé**
Spektakulärer Fels in der Brandung (Seite 57)

★ **Altstadt/ Haute Ville und Basse Ville**
Québecs Altstadt ist die Wiege Kanadas (Seite 60)

★ **Musée National de Beaux-Arts du Québec**
Hohe Kunst im alten Gefängnis (Seite 62)

★ **Île d'Orléans**
Idyllische Dörfer und Panoramablicke am St. Lawrence (Seite 63)

★ **Parc National de la Mauricie**
Das ideale Feriengebiet für Kanufahrer (Seite 65)

Fossilien aus der Zeit des Devon betrachten.

Rundtour

Von Québec City aus führt die Route 132 durch malerische Bauerndörfer am Südufer des St. Lawrence nach *Montmagny* **[122 B4]**. Auf der vorgelagerten *Île aux Grues* legen im Spätsommer Tausende von Schneegänsen einen Stopp auf ihrem Weg nach Süden ein (Bootstouren). *St-Jean-Port-Joli* **[122 B3]** ist als eine Art kanadisches Oberammergau für sein Holzschnitzer berühmt. Das *Musée des Anciens Canadiens* am Highway 132 zeigt vor allem Werke der Bourgault-Brüder.

Leuchttürme, alte Dörfer und lange Strände säumen den weiteren Weg nach Osten. Ab *Matane* **[123 D2]** wird die Küste einsamer und rauer, die Berge rücken immer näher an den breiter werdenden Strom. Das von subarktischer Vegetation geprägte Hinterland der *Chic Choc Mountains,* einer der ältesten Bergketten Nordamerikas, bietet im *Parc de la Gaspésie (Route 299)* auf 800 km^2 Lebensraum für Elche, Bären und Karibus.

Im *Parc National de Forillon* an der Ostspitze der Gaspé-Halbinsel tauchen die Berge ins Meer: Fast 200 m hohe Kalksteinklippen türmen sich über den Brechern des Atlantiks auf. Die Südküste des Parks dagegen lockt mit zahlreichen Stränden und kleinen Buchten.

In *Gaspé* **[123 E2]** (15 000 Ew.), dem Hauptort der Halbinsel, erinnert ein Denkmal am Highway 132 an die Entdeckung der Region durch Jacques Cartier. Durch den hübschen Künstler- und Fischerort *Percé* führt die Route 132 dann südwärts. Die im Sommer überraschend warme *Baie des Chaleurs* an der Südküste ist lieblicher und weniger zerklüftet. Hier gibt es

Rocher Percé: ein riesiger Kalksteinfelsen, der bei Gaspé aus dem Meer ragt

Ferienorte wie *Bonaventure* oder *Carleton* mit Sandstränden, Wanderwegen und Lachsflüssen.

MUSEEN

Jardin de Métis
Eine wunderbare Gartenanlage. Das alte Herrenhaus beherbergt heute Kunstgalerien und ein Museum zur Siedlergeschichte. *Route 132, Grand-Métis, zwischen Rimouski und Matane, im Sommer tgl. 8.30–18 Uhr, Eintritt 14 $*

Lieu Historique National de la Bataille-de-la-Restigouche
Ausgezeichnetes Ausstellungszentrum, das die letzte Schlacht zwischen Franzosen und Engländern erläutert. *Pointe-à-la-Croix, im Sommer tgl. 9–17 Uhr, Eintritt 4 $*

ÜBERNACHTEN

Manoir des Érables
Sehr gepflegtes Hotel in ruhiger Parkanlage nahe dem St. Lawrence bei Québec City. *23 Zi., Montmagny, Tel. 418/248-01 00, www.manoirdeserables.com,* €€€

La Normandie
Blick auf den Rocher Percé. Gutes Restaurant. *45 Zi., Percé, 221, Route 132 Ouest, Tel. 418/782-21 12, www.normandieperce.com,* €€

TOUREN

Île Bonaventure
Bootsrundfahrten zu den Vogelfelsen, es besteht auch eine Fährverbindung für Wanderer. Ausstellungen im *Centre d'Interprétation Faunique* am *Rang de l'Irlande. Percé, Tel. 418/782-22 40*

La Société Duvetnor
Bootstouren, auf Wunsch mit Übernachtung in einem Leuchtturm. Insider Tipp *Rivière-du-Loup, Tel. 418/867-16 60, www.duvetnor.com*

AUSKUNFT

Association Touristique Régionale de la Gaspésie
357, Route de la Mer, Ste-Flavie, Tel. 418/775-22 23, www.tourisme-gaspesie.com

MAGOG

[122 A5] Das 14 000-Einwohner-Städtchen am Nordufer des lang gestreckten *Lac Memphrémagog* liegt im Herzen der *Eastern Townships* – und damit im Zentrum einer Ferienregion mit gepflegten Hotels, Golfplätzen, Seen und Wanderwegen in den bewaldeten Vorbergen des Appalachengebirges, das über die nahe US-Grenze bis Québec reicht. Vom *Mont Orford* aus können Sie einen weiten Blick über das wellige Land werfen, in der alten Benediktinerabtei *St Benoît-du-Lac* den hervorragenden Käse der Mönche probieren und in *North Hatley* die Villen der reichen amerikanischen Sommerfrischler aus den 1920er-Jahren bewundern. Einen Abstecher verdient auch das Örtchen *Coaticook*, wo im *Parc de la Gorge de Coaticook* eine 170 m lange Fußgängerbrücke über eine Schlucht führt.

Ein historischer, eleganter Country Inn mit sehr gutem Restaurant an einem See ist das *Auberge Hatley Inn (25 Zi., Route 108, North Hatley, Tel. 819/842-24 51, www.northhatley.com,* €€€*)*.

MINGAN-ARCHIPEL

[123 E–F1] Die Route Jacques-Cartier, die von Québec City aus das Nordufer des St. Lawrence erschließt, endet nach rund 650 km in *Havre-Saint-Pierre,* von dem aus Bootstouren in die Inselwelt des *Parc National de l'Archipel Mingan* angeboten werden. Ebbe und Flut haben dort bizarre Felssäulen aus dem weichen Kalkstein erodiert. Auf den mehr als 40 Inseln, die in einer lang gestreckten Kette vor der Küste liegen, kann man zahlreiche Vogelkolonien beobachten, in den hier schon sehr salzigen Gewässern oft auch Wale. In *Longue-Pointe* veranschaulicht ein großes *Centre d'Interprétation* die Lebensweise der Buckel-, Blau- und Finnwale *(im Sommer tgl. 9–21 Uhr, www.rorqual.com).*

Insider Tipp

Vierstündige Bootstouren zu den schönsten Felsformationen organisiert *La Tournée des Îles* in Havre-Saint-Pierre *(Tel. 418/538-25 47, ab 35 $, www.tourismeduplessis.com/sites/tourneedesiles/).*

QUÉBEC CITY

Karte auf Seite 127

[122 B4] Die gepflasterten winkeligen Gassen, steinernen Stadttore und trutzigen Bastionen der mittelalterlich wirkenden Altstadt von Québec City sind einzigartig in Kanada. Die zahllosen amerikanischen Touristen sind entzückt von so viel historischem Charme. Aber die bereits 1608 an der Mündung des St. Charles in den St. Lawrence gegründete Hauptstadt (710 000 Ew. im Großraum) der Provinz Québec kann tatsächlich mit einer langen Geschichte aufwarten – eine Seltenheit im jungen Kanada. Schon im 17. Jh. war die von Samuel de Champlain gegründete Stadt das kulturelle und wirtschaftliche Zentrum der Kolonie Neufrankreich. Im Siebenjährigen Krieg fiel sie in die Hände der Engländer, doch ihrer französischer Lebensart blieb sie bis heute treu.

Für den schönsten Blick auf die Stadt müssen Sie aufs Wasser: zu einer *Hafenrundfahrt* oder (preiswerter) zu einer Fahrt mit der Fähre nach Lévis ans Südufer des hier gut 800 m breiten St. Lawrence. Das Auto lassen Sie beim Besuch in Québec am besten in der Hotelgarage. Die kompakte Altstadt können Sie gut zu Fuß erkunden.

SEHENSWERTES

Altstadt/Haute Ville und Basse Ville **[127 D-F 1–4]**

★ Auf einer schmalen Uferterrasse am St. Lawrence liegt die *Basse Ville,* wo Samuel de Champlain das erste kleine Fort der Franzosen errichtete. In den alten Häusern an der Rue de Petit-Champlain und um die Place Royale mit der 1688 erbauten Kirche *Notre-Dame-des-Victoires* haben Galerien, Cafés und Souvenirläden Einzug gehalten. Das *Centre d'Interprétation de Place Royale* neben der Kirche erläutert in gut gestalteten Ausstellungen den Aufstieg Québecs vom Pelzhändlerfort zur Metropole *(tgl. 10–17 Uhr).*

Wahrzeichen der auf steiler Klippe thronenden *Haute Ville* ist das prächtige Hotel *Château Fronte-*

Québec City, die älteste Stadt Kanadas, steht heute unter Denkmalschutz

nac, unter dessen grünspanigen Dächern schon Präsidenten und Könige schliefen. Rings um das Schlosshotel drängen sich, von einer Stadtmauer umschlossen, die Gassen der Altstadt: die quirlige *Place d'Armes,* die Aussichtspromenade *Terrasse Dufferin* und die *Rue St-Louis* mit vielen Häusern aus dem 17. Jh.

Cap aux Diamants [127 D–F 4–5]
Am Südrand der Stadt, auf der Spitze des 110 m hohen Cap aux Diamants, steht die mächtige, sternförmige *Zitadelle* in beherrschender Position über dem St. Lawrence. Die weitläufigen Wiesen der *Plaines d'Abraham* vor den Mauern der Festung waren 1759 Schauplatz der entscheidenden, nur 20 Minuten dauernden Schlacht zwischen den Franzosen und Engländern um die Vorherrschaft in Amerika.

Cathédrale Notre-Dame [127 E3]
Die Basilika, nach einem Brand 1922 wieder aufgebaut, wurde 1643 als älteste Pfarrkirche Nordamerikas errichtet. Viele Pioniere Neufrankreichs sind in der Krypta begraben. *16, Rue Buade, im Sommer tgl. 8–17.30 Uhr, Krypta Eintritt 1 $, Führungen*

La Citadelle [127 E4–5]
Mehr als 30 Jahre dauerte ab 1820 der Bau dieser sternförmigen Festung über der Stadt – und sie wurde nie gebraucht. *Eingang von der Rue St-Louis, Führungen und Militärmuseum, im Sommer tgl. 9–18 Uhr, Eintritt 8 $, Wachwechsel im Sommer tgl. 10 Uhr*

MUSEEN

Musée de la Civilisation [127 F2]
Wechselnde Ausstellungen zur Kulturgeschichte Québecs in einem

spektakulären Museumsbau. *85, Rue Dalhousie, im Sommer tgl. 9.30 bis 18.30, im Winter Di–So 10–17 Uhr, Eintritt 8 $, www.mcq.org*

Musée du Fort **[127 E3]**
Patriotisches Spektakel, das die Belagerungen und Schlachten des 18. Jhs. illustriert. *10, Rue Ste-Anne, im Sommer tgl. 10–17, sonst Do–So 11–16 Uhr, Eintritt 7,50 $*

Musée National de Beaux-Arts du Québec **[0]**
★ Eine umfassende Chronologie des Kunstschaffens in der Provinz: Gemälde, Skulpturen und typisches Kunsthandwerk. Dazu eine exzellente Multimediaausstellung zur Provinzgeschichte *(Eintritt 3,50 $)* und eine sehenswerte Skulptur von David Moore im alten Gefängnisturm. *1, Ave. Wolfe-Montcalm, tgl. 10–18, im Winter bis 17 Uhr und Mo geschl., Eintritt frei, Sonderausstellungen 15 $, www.mnba.qc.ca*

Parc de l'Artillerie **[127 D3]**
Ausstellungen zur Stadtbefestigung. Großes Modell Québecs von 1808. *2, Rue d'Auteuil, tgl. 10–17 Uhr, Okt.–März geschl., Eintritt 4 $*

ESSEN & TRINKEN

Auch die kleinen Restaurants in Québec City zeichnen sich durch hervorragende Qualität aus. Fragen Sie nach der meist preiswerten *table d'hôte* (Tagesgericht). Reservierung teils auch mittags üblich.

Le Casse-Crêpe Breton **[127 D3]** Insider Tipp
Preiswert und gut: deftig gefüllte Crêpes in einem oft drangvoll engen, kleinen Lokal. *1136, Rue St-Jean, Tel. 418/692-04 38,* €–€€

Le Cochon Dingue **[127 F3]**
Quirliges Bistro am Hafen mit guten Nachspeisen. *46, Blvd. Champlain, Tel. 418/692-20 13,* €

Le Lapin Sauté **[127 F3]**
Französische Landküche zu vernünftigen Preisen in der Basse Ville. Terrasse. *52, Rue Petit Champlain, Tel. 418/692-53 25,* €€

Mistral Gagnant **[127 E2]** Insider Tipp
Gemütliches kleines Lokal im Hafenviertel. Provenzalische Küche, gute Meeresfrüchte – und die *crème brûlée* ist eine Sünde wert. *160, Rue St-Paul, Tel. 418/692-42 60,* €€

Poutine – heiß und fettig

Kartoffeln à la Frankokanada

In den USA und auch im englischsprachigen Kanada gibt es Hamburger, Hotdogs und Fritten an jeder Straßenecke. Die Québecer dagegen sind stolz auf ihre vom gallischen Mutterland stark beeinflusste Küchentradition und ihre Haute Cuisine. Doch das heimliche Nationalgericht Québecs ist *poutine*: eine Mixtur aus Pommes frites mit Schmelzkäse, übergossen mit Bratensoße. Aus den kross-knackigen Pommes wird so im Handumdrehen ein eigentümlicher, fetttriefender Matsch. Bon appétit!

ÜBERNACHTEN

Le Château Frontenac **[127 E3]**
Schlossartiges Traditionshotel mitten in der Altstadt. Pianobar mit Blick. *618 Zi., 1, Rue des Carrières, Tel. 418/692-38 61, www.fairmont.com, €€€*

Château de Léry **[127 E4]**
Besser können Lage und Preis nicht sein: eine solide kleine Pension direkt am Parc des Gouverneurs im Herzen der Stadt. *18 Zi., 8, Rue de la Porte, Tel. 418/692-26 92, www.quebecweb.com/chateaudelery, €€*

Hôtel Le Priori **[127 F3]**
Postmoderne trifft Kolonialzeit: Designhotel mit nur 26 Zimmern in einem Pfarrhaus von 1766, ruhig in der Altstadt. *15, Rue Sault-au-Matelot, Tel. 418/692-39 92, www.hotellepriori.com, €€–€€€*

Hôtel Le Saint-Paul **[127 E2]**
Sympathisches Mittelklassehotel in einem historischen Bau nahe dem Hafen, Restaurant. *27 Zi., 229, Rue St-Paul, Tel. 418/694-44 14, www.lesaintpaul.qc.ca, €€*

AM ABEND

Die beliebteste abendliche Flanierstraße ist die *Grande Allee* außerhalb der Stadtmauer. Während des Sommers stellen die Cafés Tische auf die Gehwege, Chansonniers bringen ihre Gitarren zum Klingen, und drinnen trifft sich die junge Szene, z. B. bei *Chez Dagobert (Nr. 600)* oder im *VooDoo Grill* und *Chez Maurice (beide Nr. 575)*. Eine riesige Bierauswahl bietet der *Pub Saint-Alexandre (1087, Rue St-Jean in der Altstadt)*.

AUSKUNFT

Office du Tourisme de Québec **[127 D5]**
835, Ave. Wilfrid-Laurier, Tel. 418/641-66 54, www.quebecregion.com

ZIELE IN DER UMGEBUNG

Côte de Beaupré **[122 B3–4]**
Einen Tag sollten Sie für einen Ausflug auf der »Straße des Königs«, der Route 360, zum geschichtsreichen Nordufer des St. Lawrence einplanen. Das im normannischen Stil 1673 erbaute *Bellanger-Girardin-Haus* in Beauport verdient einen Stopp ebenso wie die 83 m hohen Wasserfälle *Montmorency*. Von der *Manoir Montmorency (ausgezeichnetes Restaurant mit Québecer Küche, Tel. 418/663-33 30, €€€)* oberhalb der Fälle haben Sie einen schönen Blick. Und die Geschichte der Region dokumentiert das in einer Mühle aus dem Jahre 1695 untergebrachte Besucherzentrum in *Château-Richer (7007, Ave. Royale)*.

Der berühmteste Wallfahrtsort von Nordamerika ist *Ste-Anne-de-Beaupré*. Im Untergeschoss der 1923 vollendeten Basilika der hl. Anna, Schutzpatronin der Seefahrer, zeugen zahllose abgelegte Krücken von den Wundern, die ihr zugeschrieben werden. Nicht verpassen sollten Sie Ende September die mehr als 300 000 Schneegänse, die am *Cap Tourmente* auf ihrem Zug nach Süden Station machen.

Île d'Orléans **[122 B4]**
★ Bauerndörfer mit malerischen Kirchen vor der beschaulichen Kulisse des breiten Flusses – die Zeit

scheint stehen geblieben zu sein auf der 30 km langen Insel östlich von Québec City. Auf einer Ringstraße können Sie Ausblicke auf Québec City und den St. Lawrence genießen und an den Straßenständen die Produkte der Bauern kosten: Ahornsirup, Honig, Cidre und Erdbeeren.

Lohnende Stopps sind zudem das kleine Museum *Manoir Mauvide-Genest* in Saint-Jean und eine Lunchpause in der 1720 erbauten *Ancien Moulin* in Saint-Laurent *(Tel. 418/829-38 88, €€).*

Saguenay-Region

[122 B2–3] In einem von Gletschern tief herausgeschürften Fjordtal strömt der Fluss Saguenay vom Lac Saint-Jean zum St. Lawrence. Nahe der Flussmündung bei *Tadoussac* sammeln sich im Sommer und Herbst Beluga- und Blauwale, die oft bei der Fährfahrt über die Bucht oder bei speziellen Waltouren beobachtet werden können *(Tageskreuzfahrten auf dem Saguenay organisiert La Marjolaine, Chicoutimi, Tel. 418/543-76 30, www.croisieremarjolaine.com).*

Weiter flussaufwärts im 300 km² großen *Parc du Saguenay* ragen um die *Baie Éternité* steile Felsen bis 400 m hoch über dem Tal auf. Hier finden Sie schöne Wanderwege mit phantastischen Aussichtspunkten. Am oberen Ende des Fjords liegt der Handelshafen *Chicoutimi,* einem der frühen Industrieorte Québecs zugehörig. Um 1920 stand hier das größte Zellulosewerk der Welt.

Der Ursprung des Saguenay, der *Lac Saint-Jean,* ist ein fast kreisrunder Restsee aus der letzten Eiszeit von 1300 km² Fläche. Den Québecern gilt er als beliebtes Segelrevier und Ferienziel mit schönen Stränden. Im Sommer reifen in den Wäldern ringsum den See die Blaubeeren – probieren Sie hier unbedingt

Spezielle Touren zur Walbeobachtung werden auf dem Saguenay angeboten

einmal die berühmten Blaubeertorten!

MUSEEN

CIMM
Großes Ausstellungszentrum einer Walforscherorganisation; Filmvorführungen und Insider Tipp Bootstouren zu den Belugas am Saguenay. *Am Hafen von Tadoussac, im Sommer tgl. 9–20 Uhr, Eintritt 6,25 $, www.gremm.com*

La Pulperie
Faszinierendes Industriemuseum in einer 100 Jahre alten Zellulosefabrik. Auch Theateraufführungen. *300, Rue Dubuc, Chicoutimi, im Sommer tgl. 9–18 Uhr, Eintritt 10 $*

Val Jalbert
Das ehemalige Industriestädtchen am Südufer des Lac Saint-Jean dient heute als Freilichtmuseum. Ein sehr schöner, 72 m hoher Wasserfall befindet sich hinter dem Sägewerk. Restaurant, Hüttenvermietung. *Im Sommer tgl. 9.30–17.30 Uhr, Eintritt 16,50 $*

ESSEN & TRINKEN

Chez Mario Tremblay
Lokal des legendären Hockeyspielers. Burger, Salate, Steaks. *534, Rue Collard Ouest, Alma, Tel. 418/668-72 31, €*

ÜBERNACHTEN

Tadoussac
Historisches Hotel zur nostalgischen Sommerfrische am St. Lawrence. *149 Zi., Tadoussac, Tel. 418/235-44 21, www.hoteltadoussac.com, €€–€€€*

AUSKUNFT

Association Touristique Régionale du Saguenay-Lac-St-Jean
455, Rue Racine Est, Bureau 101, Chicoutimi, Tel. 418/543-97 78, www.saguenaylacsaintjean.net

TROIS-RIVIÈRES

[122 A4] Die alte Industriestadt (140 000 Ew.) auf dem Hochufer über dem St. Lawrence westlich von Québec City ist ein guter Ausgangspunkt für Ausflüge in das St-Maurice-Tal der Laurentides. Auf dem Fluss St-Maurice werden noch immer große Mengen Holz aus dem Hinterland zur Stadt geflößt.

In der Altstadt des bereits 1634 gegründeten Trois-Rivières, um den Rathausplatz und die Rue des Ursulines, finden sich noch zahlreiche Häuser aus dem 18. Jh. Und das informative Industriemuseum *Forges-du-Saint-Maurice* zeigt die älteste, aus dem Jahr 1730 stammende Eisenhütte Kanadas *(10 000, Blvd. des Forges, im Sommer tgl. 9.30–17 Uhr, Eintritt 4 $)*.

ZIEL IN DER UMGEBUNG

Parc National de la Mauricie **[122 A4]**
★ Der seen- und waldreiche Park rund 40 km nordwestlich der Stadt ist ein guter Tipp für Kanufahrer, die Tagestouren oder auch längere Fahrten unternehmen wollen (Vermietung bei den Infozentren an den Parkeingängen). Das St-Maurice-Tal am Ostrand des Parks – eine Ferienregion mit Hotels und Golfplätzen – eignet sich auch gut zum Wandern.

Karges Land, reiches Meer

Der raue Nordatlantik prägt das Leben in den Provinzen des Ostens

Stille Wattlandschaften und dramatische Fjordküsten, tiefe Wälder und ungebändigte Flüsse – die Atlantikregion Kanadas erinnert in vielem an die schönsten Landstriche in Schottland oder Norwegen. Bunte Fischerdörfer und emsige Hafenstädte, in denen sich schon vor Jahrhunderten Schotten, Engländer und Franzosen niederließen, laden zum Besuch ein.

Die drei hier beschriebenen Atlantikprovinzen (die geografisch und kulturell recht eigenständige Provinz Neufundland & Labrador wird in einem separaten Kapitel behandelt) sind ein überraschend vielfältiges Urlaubsland, das zu Unrecht in Europa noch wenig bekannt ist. Die Provinz *Nova Scotia* bietet herrliche Segelreviere und eine der herausragenden Panoramastraßen des Kontinents, den Cabot Trail. Er führt an der wind- und wellenumtosten Steilküste von Cape Breton Island entlang. Ganz anders dagegen die winzige Inselprovinz *Prince Edward Island:* ein liebliches Farmland mit Bilderbuchdörfern und ausgedehnten feinsandigen Badestränden. Eine gigantische, knapp 13 km lange Brücke verbindet das Eiland seit 1998 mit dem Festland. *New Brunswick* schließlich, die waldreiche Provinz an der Grenze zu den USA, rühmt sich der höchsten Gezeitenunterschiede der Welt: Über 12 m kann der Tidenhub in der Bay of Fundy ausmachen. Kilometerweit fällt der Meeresboden bei Ebbe trocken – ideal zum Wattwandern. Neben den Augen kommt aber auch der Gaumen in den Atlantikprovinzen nicht zu kurz. Das Meer deckt den Tisch. Die Restaurants der idyllischen Hafenorte servieren fangfrischen Lobster, Atlantiklachs und vorzügliche Austern zu moderaten Preisen.

Zerklüftete Küsten soweit das Auge reicht

Die Lobsterfallen stehen schon bereit

Eine Rundfahrt durch die Region (Saison ist von Ende Mai bis Ende September) beginnen Sie am besten in Halifax, das einen inter-

Im Frühling verwandelt sich das Annapolis Valley in ein Obstblütenmeer

nationalen Flughafen und eine umfassende touristische Infrastruktur bietet. Abseits der größeren Orte leben nur wenige Menschen, zumeist Fischer und Kleinbauern.

ANNAPOLIS ROYAL

[123 E5] Umgeben von Obstplantagen und pittoreskem Farmland liegt der kleine Ort (600 Ew.) in der Nähe von *Digby* an der Bay of Fundy im Nordwesten Nova Scotias. Viktorianische Häuser prägen heute das Straßenbild, die Stadtgeschichte geht allerdings viel weiter zurück: Samuel de Champlain gründete 1605 auf dem gegenüberliegenden Ufer des *Annapolis Valley* die erste Siedlung in Kanada, die *Habitation Port Royal.* Aus den Kriegen des 18. Jhs. blieb noch die Festung *Fort Anne* im Ortszentrum erhalten. Von technischem Interesse ist das *Gezeitenkraftwerk* am Stadtrand, in dem die hohen Tiden der Bay of Fundy genutzt werden (Ausstellungen im Visitor Centre).

Versäumen Sie übrigens nicht, die berühmten *Digby Scallops* (Jakobsmuscheln) zu probieren, die von der Fangflotte des benachbarten Hafens Digby eingebracht werden. Insider Tipp

MUSEUM

Habitation Port Royal
Rekonstruktion von Champlains Palisadenfort. Anschauliche Vorführungen kostümierter *Guides* informieren über das Pionierleben im Jahr 1605. *Port Royal, im Sommer 9–18 Uhr, Eintritt 4 $*

ÜBERNACHTEN

Garrison House Inn
Kleines historisches Hotel mit Restaurant. *7 Zi., 350 St. George St., Tel. 902/532-57 50, www.garrisonhouse.ca,* €€

CAPE BRETON ISLAND

[124 B5] *»Ciad mile Failte!«* Hunderttausend Willkommen! Der alte gälische Gruß ist auf Cape Breton Island noch oft zu hören. Seit 200 Jahren siedeln Schotten auf der rund 10 300 km² großen Insel im Osten von Nova Scotia. Dass sie sich hier wohl fühlen, kann man verstehen, denn das karge Hochland und die rauen Küsten ähneln verblüffend den schottischen Highlands.

SEHENSWERTES

Rundtour

Bester Ausgangspunkt für eine Inselrundfahrt, auf der Sie viel Geschichte und spektakuläre Natur erleben, ist der schön gelegene Ferienort *Baddeck* im Norden des 70 km langen Salzwassersee *Bras d'Or Lake* im Inselinneren. In einer Tagestour können Sie von Baddeck aus auf dem 300 km langen ★ *Cabot Trail* die Nordspitze der Insel umrunden. Er wird zu Recht als schönste Panoramastraße Ostkanadas gerühmt: einsame Steilküsten und stille Hochmoore, rote Granitfelsen, die in der Gischt glitzern, und winzige Fischerdörfer, in denen sich die hölzernen Lobsterfallen stapeln.

Der schönste Teil der Strecke verläuft durch den *Cape Breton Highlands National Park.* Nahe dem Nordeingang des Parks hören Sie plötzlich neue Töne – französische. Der kleine Ort *Chéticamp* ist eine Enklave der Akadier. Ihre Vorfahren, französische Siedler aus Nova Scotia und New Brunswick, flüchteten 1755 vor den Engländern in diese unwirtliche Region. Im *Acadian Museum* und in mehreren Galerien können Sie ihr traditionelles Kunsthandwerk bewundern: farbenprächtige Wandteppiche und filigrane Häkelarbeiten.

Als Abstecher in den Süden der Insel führt der Highway 22 vorüber an alten Kohlerevieren und der Hafenstadt *Sydney,* von der aus die Fähren nach Neufundland ablegen, zur Südküste. Hier liegt – als beeindruckendes Museumsdorf re-

MARCO POLO Highlights »Atlantikküste«

★ **Cabot Trail**
Die schönste Panoramastraße am Atlantik (Seite 69)

★ **Forteresse de Louisbourg**
Frankreichs Festung in der Neuen Welt (Seite 70)

★ **Flower Pot Rocks**
Spektakuläres Naturwunder der Gezeiten (Seite 72)

★ **Peggy's Cove**
Ein weißer Leuchtturm auf den Klippen (Seite 75)

★ **Kejimkujik National Park**
Auf Kanutour wie früher die Pelzhändler (Seite 76)

★ **Lobster Supper**
Köstliche Krustentiere auf P. E. I. (Seite 76)

konstruiert – die Festungsstadt *Louisbourg,* die vor 250 Jahren das Machtzentrum der Franzosen in der Neuen Welt war.

MUSEEN

Alexander Graham Bell National Historic Site
Großes Museum neben dem Wohnhaus des Erfinders, der nicht nur das Telefon, sondern auch Luftkissenboote und Flugzeuge ersann. *Baddeck, im Sommer 8.30–18 Uhr, Eintritt 6,50 $*

Forteresse de Louisbourg
★ Exerzierende Soldaten, schachernde Pelzhändler und regierende Adelige – ein exaktes Abbild vom Leben im Jahr 1744. Die Liebe zum »unverfälscht« Historischen geht hier sogar so weit, dass man in den beiden Restaurants der Museumsstadt nach Rezepten aus dem 18. Jh. kocht. *Louisbourg, im Sommer tgl. 9–17 Uhr, Eintritt 15 $*

La Pirogue
Hier erfahren Sie alles über den Fischfang der Akadier im rauen Nordatlantik. *Chéticamp, im Sommer 10–21 Uhr, Eintritt 5 $*

ESSEN & TRINKEN

Harbor Restaurant
Meeresfrüchte und traditionelle Küche der Akadier am Hafen von Chéticamp. *15299 Cabot Trail, Tel. 902/224-20 42,* €€

Keltic Lodge
Regionale Spezialitäten wie Lobster und *Solomon Gundy,* dazu ein fabelhafter Blick. *Ingonish Beach, Tel. 902/285-28 80,* €€

Yello Cello Café
Frischer Fisch, Pizza, Pasta und abends Livemusik. *Baddeck, 525 Chebucto St., Tel. 902/295-23 03,* €–€€

ÜBERNACHTEN

Inverary Inn
Gepflegtes Hotel mit Blick über den Bras d'Or Lake. Ausgezeichnete Küche. *138 Zi., Baddeck, Tel. 902/295-35 00, www.capebretonresorts.com,* €€–€€€

Oakwood Manor B & B
Insider Tipp
Idyllisches Farmhaus in einem Seitental am Cabot Trail. *4 Zi., Cape North, Tel. 902/383-23 17, capebretonisland.com/oakwood,* €

FREIZEIT & SPORT

Kayak Cape Breton
Geführte Kajaktouren auf dem Bras d'Or Lake und entlang der Küste. Auch Kanu-, Kajak- und Radvermietung. *West Bay, Tel. 902/535-30 60, www.kayakcapebreton.com*

Walbeobachtung
An der Nordküste der Insel werden im Sommer Bootsfahrten zwecks Walbeobachtung zu Vogelinseln und Meereshöhlen angeboten, z. B. von *Whale Cruisers* in *Chéticamp (Tel. 902/224-33 76, www.whalecruises.com).* Weitere Infos im *Whale Interpretive Centre* in *Pleasant Bay (Tel. 902/224-14 11, www.cabottrail.com/whales).*

AUSKUNFT

Tourism Cape Breton
Infozentren in Baddeck und Sydney. Tel. 902/563-46 36, www.cbisland.com

CARAQUET

[123 E3] Die Hafenstadt (4500 Ew.) an der Baie des Chaleurs im Nordosten von New Brunswick ist das Zentrum der *Péninsule Acadienne*, eines akadischen (altfranzösischen) Siedlungsgebiets. Neben der Sprache wird hier auch die akadische Kochkunst noch gepflegt.

MUSEUM

Village Historique Acadien
Weitläufiges Museumsdorf, das das Pionierleben der französischen Siedler und ihre Handwerkskunst darstellt. Kostümierte »Akadier« arbeiten in der Schmiede, beackern die Felder und servieren in der Taverne. *Hwy. 11, ca. 10 km westlich von Caraquet, im Sommer tgl. 10–18 Uhr, Eintritt 14,50 $*

Village Historique Acadien

ESSEN & TRINKEN

Hotel Paulin
Akadische Küche in einem Hotel von 1891. *143 Blvd. St-Pierre Ouest, Tel. 506/727-99 81, €€*

FREDERICTON

[123 D4] Eine liebenswerte Kleinstadtatmosphäre empfängt Sie in der Hauptstadt von New Brunswick (48 000 Ew.), die im breiten Tal des Saint John River liegt. Ursprünglich von den Franzosen gegründet, wanderten 1785 viele britische Loyalisten aus den USA ein. Die heute als Museen genutzten Militärbauten an der Queen Street, die in englischer Neogotik erbaute *Christ Church Cathedral* im Stadtzentrum und die schön gelegene *University of New Brunswick* zeugen vom Einfluss der Briten. Und jeden Samstagmorgen ist *Farmers Market* an der George Street. Insider Tipp

MUSEEN

Beaverbrook Art Gallery
Ausgezeichnetes Kunstmuseum mit Gemälden von William Turner und Thomas Gainsborough. *703 Queen St., tgl. 9–17.30, Do bis 21 Uhr, Eintritt 5 $*

Kings Landing Historical Settlement
Bei einem Staudammbau am Saint John River wurden 25 historische Gebäude vor der Überflutung gerettet und zu einem typischen britischen Loyalistendorf des 18. Jhs. zusammengefügt. Die schauspielern-

Steil und zerklüftet: die Küstenlandschaft des Fundy National Park

den »Einwohner« lassen die Webstühle klappern und servieren Herzhaftes im *King's Head Inn. Am Hwy., 2,35 km westlich von Fredericton, Anfang Juni–Mitte Okt. tgl. 10–17 Uhr, Eintritt 15 $*

AUSKUNFT

Tourism New Brunswick
Visitor Centre im Rathaus. Queen St., Tel. 800/561-01 23, www.tourismnewbrunswick.ca

FUNDY NATIONAL PARK

[123 E5] Das hügelige Hinterland des gut 200 km^2 großen Parks an der Südküste von New Brunswick bricht am Ufer der Bay of Fundy in über 60 m hohen Klippen zum Meer ab. Besonders eindrucksvoll ist der Gezeitenunterschied – der größte der Welt – in der trichterförmigen Bucht. Wo bei Flut 12 m tiefes Wasser schwappt, können Sie bei Ebbe trockenen Fußes das Watt erkunden *(Führungen durch Parkranger)*. Oder wandern Sie auf eigene Faust auf dem *Coastal Trail* von *Herring Cove* entlang der bewaldeten Küste zum *Matthews Head* (4,5 km). Insider Tipp Etwa 40 km östlich des Parks am *Hopewell Cape* wird der Tidenhub besonders deutlich: Die humorvoll »Blumentopffelsen« bezeichneten ★ *Flower Pot Rocks* sind bei Flut kleine Inseln, sechs Stunden später ragen sie als 15 m hohe Felsen aus dem trockenen Meeresboden. Ein gemütlicher B & B-Inn in einer alten Villa nahe am Eingang des Parks ist *Captains Inn B & B. (9 Zi., Alma, Tel. 506/887-20 17, www.captainsinn.ca, €).*

HALIFAX

[123 F5] Die Hauptstadt Nova Scotias (380 000 Ew.) ist nicht nur das wirtschaftliche und kulturelle Zentrum dieser Provinz, sondern auch der ganzen Atlantikregion Kanadas. Vor allem ist sie aber, wie ein Blick über den gut 25 km langen Naturhafen mit seinen vielen Handels- und Kriegsschiffen zeigt, eine werktags hart arbeitende Hafenstadt, die dafür freitag- und samstagabends zu feiern versteht. So gibt es – recht ungewöhnlich für Nordamerika – in der Innenstadt ein reges Nachtleben. Nicht zuletzt sind es die fünf Universitäten, die der Stadt ein jugendliches Image geben.

Dabei ist Halifax auch auf sein Alter und seine historischen Sehenswürdigkeiten stolz. Die Engländer wählten die eisfreie, strategisch günstig gelegene Bucht bereits 1749 als Stützpunkt und gründeten ein erstes Fort auf dem steilen Hügel über dem Hafen. Im Lauf der Jahrzehnte wurde daraus eine trutzige Zitadelle, in deren Schutz eine reiche Handelsstadt aufblühte. Selbst wenn von der Festung nie ein Schuss abgefeuert wurde, reichte doch die militärische Bedeutung von Halifax bis ins 20. Jh.: Von hier liefen während der beiden Weltkriege die Schiffskonvois nach England aus.

SEHENSWERTES

Harbourfront

Einst gehörten die Lagerhäuser und Piers entlang der Lower Water Street den *Privateers,* den Piraten des Königs. Heute drängeln sich in dem liebevoll restaurierten Hafenviertel Boutiquen und Lokale. Besonders gelungen ist der Komplex der *Historic Properties.*

Innenstadt

Historischer Mittelpunkt der City ist die *Grand Parade,* eine kleine Parkanlage, flankiert vom *Rathaus* und der *St. Paul's Church,* der 1750 erbauten, ältesten anglikanischen Kirche Kanadas. Weiter hangabwärts liegt das in elegantem georgianischen Stil erbaute *Province House* von 1818, der Parlamentssitz von Nova Scotia.

MUSEEN

Halifax Citadel

Die zwischen 1828 und 1856 erbaute Festung in beherrschender Lage über der Innenstadt ist heute Militärmuseum, die *Town Clock*

Alexander Graham Bell

Universalgenie und Wahlkanadier

Was Thomas A. Edison für die USA bedeutete, war Alexander G. Bell (1847–1922) für Kanada. Der in Schottland geborene Bell legte in Ontario den Grundstein für seine Berühmtheit – mit der Erfindung des Telefons 1875. Seine Bell-Telefongesellschaft lebt bis heute als Telekom-Gigant AT & T fort. Seit 1886 experimentierte Bell in Nova Scotia auf dem Gebiet der Medizin, Luftfahrt und Seetechnik, entwickelte die eiserne Lunge und spezielle Unterrichtsmethoden für Gehörlose – ein ganz persönliches Anliegen, denn seine Mutter und seine Frau waren beide taub.

das Wahrzeichen von Halifax. *Tgl. 9–17, im Sommer bis 18 Uhr, Eintritt 10 $, Nebensaison 6,50 $*

Maritime Museum
Hier erfahren Sie Interessantes zur Geschichte der Segel- und Dampfschifffahrt im Nordatlantik – und können viele Relikte der »Titanic« bestaunen. *1675 Lower Water St., tgl. 9.30–17.30, im Winter So ab 13 Uhr und Mo geschl., Eintritt 8 $*

Insider Tipp

Pier 21
Faszinierende Dokumente über die ca. 1 Mio. Einwanderer aus Europa, die hier 1928–71 an Land gingen. *1055 Marginal Rd., tgl. 9.30–17 Uhr, Eintritt 7,75 $, www.pier21.ca*

ESSEN & TRINKEN

McKelvie's
Sehr beliebtes Meeresfrüchterestaurant in einer alten Feuerwache. *1680 Lower Water St., Tel. 902/421-61 61, €€*

Salty's on the Waterfront
Gute Adresse für Lachs und Lobster: Im Obergeschoss wird fein diniert mit Hafenblick, im Erdgeschoss erhalten Sie Frühstück und Lunch. *Historic Properties, 1869 Water St., Tel. 902/423-68 18, €€–€€€*

Split Crow
Insider Tipp
Rustikale, in der Altstadt gelegene Kneipe, abends sogar mit Livemusik. *1855 Granville St., Tel. 902/422-43 66, €*

EINKAUFEN

Galerien, Souvenirs, indianisches Kunsthandwerk und viel an nautischen Nippes finden Sie in den *Historic Properties*. Shoppingmalls und zahlreiche Boutiquen liegen an der *Duke Street* und entlang der *Spring Garden Road*. Kunsthandwerk made in Nova Scotia gibts im *Centre for Craft und Design (1683 Barrington St.)*.

Halifax: wirtschaftliches und kulturelles Zentrum der Atlantikküste

ÜBERNACHTEN

Lord Nelson
Renoviertes älteres Hotel gegenüber den sehr schönen Public Gardens. *243 Zi., 1515 South Park St., Tel. 902/423-63 31, www.lordnelsonhotel.com, €€–€€€*

Waverley Inn
33 Zimmer in einem historischen Inn am Südrand der Altstadt. *1266 Barrington St., Tel. 902/423-93 46, www.waverleyinn.com, €€*

TOUREN

Coastal Adventures
Ein- und mehrtägige Kajaktouren entlang der Ostküste von Nova Scotia. Auch Kajakvermietung. *Tangier, Tel. 902/772-27 74, www.coastal adventures.com*

Murphy's on the Water
Hafenrundfahrten per Raddampfer oder Segelkutter sowie witzige amphibische Touren mit dem *Harbour Hopper. Cable Wharf, Tel. 902/420-10 15, Preise 16–33 $*

AM ABEND

Das Nachtleben konzentriert sich auf die Bars und Clubs im Viertel um die *Grand Parade* und in den *Historic Properties*. Beliebt ist dort das *Lower Deck*. *The Dome (1726 Argyle St.)* ist ein Komplex mit mehreren Tanzflächen.

AUSKUNFT

Department of Tourism
Infobüro vorm Maritime Museum, 1655 Lower Water St., Tel. 902/425-57 81, www.novascotia.com

ZIEL IN DER UMGEBUNG

Peggy's Cove [123 F5–6]
★ Ein Leuchtturm auf wellenumtosten Granitklippen, dazu einige bunte Fischerhäuschen – Peggy's Cove, rund 45 km südwestlich von Halifax, gilt als hübschester Fischerhafen am Atlantik. Entsprechend ist im Sommer der Rummel – doch der Ausflug lohnt sich. Direkt südlich des Orts erinnert ein schlichtes, aber anrührendes Denkmal an die Opfer des Swissair-Absturzes vom September 1998.

KOUCHIBOUGUAC NATIONAL PARK

[123 E4] Sumpfwälder, Lagunen und herrliche Sandstrände sind die Attraktionen in diesem 240 km² großen Schutzgebiet nahe *Chatham* an der Ostküste New Brunswicks. Gut 50 km Radwege führen durch die Dünen (Radmiete bei *Ryans's Rental Centre* nahe dem Campingplatz). Vom *Cape St. Louis* aus werden halbtägige Touren in großen Voyageurkanus angeboten *(Tel. 506/876-24 43)*.

LUNENBURG

[123 E6] Viele der knapp 3000 Ew. des hübschen Fischerhafens an der Südküste von Nova Scotia sind Nachkommen von Deutschen und Schweizern, die sich um 1750 hier niederließen. In dem von Bootswerften und gut erhaltene Kapitänsvillen geprägten Ort wurde 1921 der berühmte Schoner »Bluenose« gebaut, der viele Segelregatten gewann und die kanadischen 10-Cent-Münze ziert.

MUSEUM

Fisheries Museum of the Atlantic

In den restaurierten Lagerhallen am Hafen wird die Seefahrt und Fischerei im rauen Nordatlantik geschildert. Mit Aquarium und mehreren originalen Fangschiffen. *68 Bluenose Dr., tgl. 9.30–17.30, im Sommer Di–Sa bis 21 Uhr, Eintritt 9 $*

ÜBERNACHTEN

Insider Tipp **1826 Maplebird House**

Nettes B & B mit Gärtchen, Pool und Hafenblick. *4 Zi., 36 Pelham St., Tel. 902/634-38 63, www.maplebirdhouse.ca, €*

ZIEL IN DER UMGEBUNG

Kejimkujik National Park [123 E6]

★ Gut eine Stunde Autofahrt von Lunenburg entfernt wartet im Binnenland von Nova Scotia eine idyllische Seen- und Flusslandschaft – ideal zum Baden und Campen, vor allem aber zum Kanufahren. Tipp für Unterkunft und Kanumiete: *Whitman Inn (10 Zi., Caledonia, Tel. 902/682-22 26, www.whitmaninn.com, €).*

PRINCE EDWARD ISLAND

[123 E–F4] Rote Kartoffeläcker, feine Sandstrände und die hübschen, anscheinend immer frisch gestrichenen Häuser der Fischer und Farmer sind das bleibende Bild im Gedächtnis aller Besucher. Die wie ein großer Garten anmutende Insel am Südrand des Gulf of St. Lawrence ist die kleinste Provinz Kanadas, nur 200 km lang und maximal 60 km breit. Dank seiner buchtenreichen Küste bringt es *P. E. I.*, wie der Name meist abgekürzt wird, aber auf 800 km Strände. Und da sich das Meerwasser im Sommer auf über 20 Grad erwärmt, ist die Insel eines der bevorzugten Ferienziele der Kanadier während der Sommerferien. Durch schnelle Autofähren über die Northumberland Strait ist sie mit dem Hafen *Picton* verbunden, und seit 1998 gibt es sogar eine Brücke: Die gewaltige, 12,9 km lange *Confederation Bridge* führt vom Festland bei *Cape Tormentine* in New Brunswick nach *Borden* auf P. E. I. Auf vier ausgeschilderten Panoramarouten gelangen Sie – zumeist auf idyllischen Seitenstraßen – in alle Regionen der Insel.

Noch ein Wort zu den kulinarischen Genüssen: Die stolze Behauptung, dass P. E. I. die besten Lobster Kanadas habe, sollten Sie in einem der vielen Fischrestaurants oder beim traditionellen ★ *Lobster Supper* unbedingt selbst überprüfen. Ebenso köstlich sind die berühmten *Malpeque-Austern,* die in der flachen Meeresbucht nahe *Malpeque* geerntet werden.

SEHENSWERTES

Charlottetown

Die Hauptstadt der Provinz, 1720 von den Franzosen gegründet, hat sich mit bis heute nur 33 000 Einwohnern charmantes Kleinstadtflair bewahrt. Im restaurierten Altstadtviertel *Old Charlottetown* blieben

Nicht Wälder, sonder Felder prägen das Bild auf Prince Edward Island

noch viele prächtige Stadthäuser der reichen Kapitäne und Händler erhalten.

Nordküste

Die schönsten Strände liegen im Norden: mit weißem Sand in der Region um *Souris,* mit rötlichem Sand im *P.E.I. National Park* bei Cavendish. Zahlreiche Buchten und flache Lagunen bieten um das *Greenwich Interpretive Centre* auch Lebensraum für Wasservögel und viele Zugvögel – mehr als 300 Arten wurden schon gesichtet.

MUSEEN

Basin Head Fisheries Museum

In herrlicher Lage am Meer sind hier ein Aquarium und Ausstellungen zur Fischindustrie zu sehen. *Hwy. 16, Souris, im Sommer tgl. 9–18 Uhr, Eintritt 4 $*

Green Gables House

Führungen durch das literaturbekannte Haus aus Lucy Maud Montgomerys Roman »Anne of Green Gables«. *Hwy. 6, Cavendish, im Sommer tgl. 9–20 Uhr, Eintritt 6,50 $*

Green Park Shipbuilding Museum

Eine Werft aus dem 19. Jh. und das restaurierte Haus eines Kapitäns lassen Seefahrerzeiten aufleben. *Hwy. 12, Port Hill, im Sommer tgl. 10–16.30 Uhr, Eintritt 5 $*

Orwell Corner Historic Village

Das Freilichtmuseum zeigt das Leben auf P. E. I. um 1890. Vorführung gälischer Tänze. *Hwy. 1, Orwell, im Sommer tgl. 9–16.30 Uhr, Eintritt 7,50 $*

ESSEN & TRINKEN

The Dunes Insider Tipp

Bistro mit Töpferstudio in einem modernen Glas- und Holzbau. Serviert werden auch ausgezeichnete Fisch- und Lammgerichte. *Route 15, Brackley Beach, Tel. 902/672-25 86,* **€€**

Scheinbar endlos ist der Strand im P. E. I. National Park bei Cavendish

Fishbone's Seafood Grill
Austern, Muscheln, Lobster, frischer Fisch – und das in bester Lage in einem Altstadthaus mitten im Herzen von Charlottetown. *136 Richmond St., Tel. 902/628-65 69,* €–€€

New Glasgow Lobster Suppers
Tradition seit fast fünfzig Jahren: Das ganze Dorf hilft zusammen, um die Besucher mit Fischsuppe, Muscheln und Lobster zu verköstigen. *Route 258, New Glasgow, Tel. 902/964-28 70,* €€

ÜBERNACHTEN

Sandy Shores B & B
Schnuckeliges, kleines Häuschen direkt an der Küste mit nur einem Apartment. *Georgetown, Tel. 902/652-22 50, www3.pei.sympatico.ca/~sandyshores/,* €

Shaw's Hotel
Gepflegtes Country Inn mit hübschen kleinen Hütten nahe dem Strand. Restaurant. *36 Zi., Brackley Beach, Tel. 902/672-20 22, www.shawshotel.ca,* €€–€€€

Stanhope by the Sea
Historisches Ferienhotel an der Nordküste. *90 Zi., Stanhope, Tel. 902/672-20 47, www.peisland.com/stanhope,* €–€€

West Point Lighthouse
Nostalgisches B & B im alten Leuchtturm. Gutes Restaurant und kleines Museum. *9 Zi., West Point, Tel. 902/859-36 05, www.westpointlighthouse.com,* €€

FREIZEIT & SPORT

Cruise Manada
Zweistündige Bootstouren zu einer Robbenkolonie an der Ostküste der Insel. *Montague, Tel. 902/838-34 44*

AUSKUNFT

P. E. I. Visitor Services
Visitor Centres: 178 Water St. in Charlottetown und an der Brücke.

Tel. 902/368-44 44, www.peiplay.com

SACKVILLE

[123 E4] Die von den Loyalisten gegründete Kleinstadt (5300 Ew.) auf der schmalen Landbrücke zwischen New Brunswick und Nova Scotia ist vor allem bei Vogelfreunden beliebt. In den Tantramar-Marschen rings um den Ort nisten zahlreiche Wasservögel. Im Frühjahr und Herbst sammeln sich hier Tausende von Schneegänsen und anderen Zugvögeln. Im *Sackville Waterfowl Park* am Highway 106 führt ein Naturlehrpfad durch die Marschen (für Ornithologen der absolute Tipp).

MUSEUM

Fort Beauséjour
Ein von den Franzosen 1751 errichtetes und kurz darauf von den Engländern eingenommenes Fort. *Am Hwy., 2,8 km östlich von Sackville, Museum im Sommer tgl. 9–17 Uhr, Eintritt 4 $*

ÜBERNACHTEN

Marshlands Inn
Ruhig gelegener Country Inn mit gutem Restaurant. *17 Zi., 55 Bridge St., Tel. 506/536-01 70, www.marshlands.nb.ca, €€*

SAINT ANDREWS

[123 D5] Das ruhige Hafenstädtchen (1900 Ew.) an der Passamaquoddy Bay, nur einen Steinwurf von der Grenze zum US-Staat Maine entfernt, ist seit gut 100 Jahren im Sommer ein beliebtes Ferienziel. Malerische alte Holzhäuser säumen die *Water Street* mit ihren kleinen Läden und Seafoodlokalen. Saint Andrews eignet sich auch als guten Ausgangspunkt für Walbeobachtungstouren oder Ausflugen zu den Inseln *Deer Island, Campobello Island* und *Grand Manan Island.* Ein historisches Grandhotel mit großer Veranda, schönem Golfplatz und weitläufigem Garten ist das *Fairmont Algonquin (234 Zi., Route 127, Tel. 506/529-88 23, www.fairmont.com, €€–€€€)*

SAINT JOHN

[123 D5] Die größte Stadt New Brunswicks (128 000 Ew.) an der Mündung des Saint John River in die Bay of Fundy besitzt den nach Halifax wichtigsten Hafen Kanadas am Atlantik. Die kleine Altstadt an der Flussmündung ist heute restauriert und lädt zum Bummel durch den *Old City Market* ein. Größte Attraktion der Stadt ist der *Saint John River,* der durch den großen Tidenhub zweimal am Tag seine Fließrichtung ändert – bei Flut drückt das Meerwasser landeinwärts. An den Stromschnellen der *Reversing Falls Rapids (Visitor Centre)* ist das Phänomen gut zu beobachten.

MUSEUM

New Brunswick Museum
Das wahrhaftig älteste Museum Kanadas – von der Geologie bis zur Pioniergeschichte New Brunswicks ist hier alles vertreten. *1 Market Square, Mo–Fr 9–17, Sa 10–17, So 12–17 Uhr, Eintritt 6 $, www.gnb.ca/0130/*

Fjorde, Berge, Kabeljau

In der wohl abgeschiedensten Region Kanadas gehen die Uhren tatsächlich anders

Gastfreundschaft wird auf Neufundland groß geschrieben. In den kleinen Städten, in den unzähligen Fischerorten, überall wird man mit offenen Armen empfangen. Nur etwa 520 000 Menschen leben auf dem gut 400 000 km² großen Eiland mit seiner grandiosen Fjordlandschaft. »The Rock«, den Felsen, nennen sie ihre Heimat – und viel mehr als Meer und Felsen gibt es hier auch nicht.

Vor 1000 Jahren schon gründeten die Wikinger an der Nordspitze des heutigen Neufundland eine Siedlung. Später, kurz nach Kolumbus, wies John Cabot den Weg für die nachfolgenden Engländer, Franzosen, Basken und Portugiesen. Erst 1949 wurde Neufundland zur Provinz des Staats Kanada. Dazu gehört nun noch Labrador am Festland: eine wilde, fast völlig unerschlossene Welt aus einsamen Fjorden und Buchten voller Eisberge – aber auch mit sagenhaften Erzvorkommen wie der 1993 entdeckte Nickelschatz von Voisey Bay erneut bewies. Doch hier oben im Norden liegt vielleicht die Zukunft, nicht zuletzt deshalb haben die Neufundländer kürzlich ihre Provinz ganz offiziell in *Newfoundland & Labrador* umbenannt.

Der kalte Labradorstrom treibt Eisberge an Twillingate vorbei

Größte Sorge der Neufundländer ist heute der Fischfang. Seit vier Jahrhunderten leben sie vom Kabeljaufang auf den einst sagenhaft reichen Grand Banks, einem weit in den Atlantik hinausreichenden Festlandschelf. Schon John Cabot schrieb, dass man nur »einen Eimer ins Meer zu hängen brauchte, um ihn voll Fische wieder hochzuziehen«. Aber nach jahrzehntelanger Überfischung sind die Bestände dramatisch zurückgegangen, viele Konservenfabriken mussten schließen.

Hoffnung für die Wirtschaft geben die großen Ölfunde des Hiberniafelds vor der Ostküste der Insel, aber auch der Tourismus. Die Natur schafft dafür beste Voraussetzungen: Neufundland ist ideal zum Wandern und Kajakfahren, Angeln und Jagen. Per Flugzeug oder mit den modernen Autofähren der Marine Atlantic von Sydney in Nova Scotia aus ist die Insel gut zu erreichen *(6 Std. Überfahrt, www.marine-atlantic.ca)*. Auch entlang der Küste von Labrador können Sie mit staatlichen Fähren eine Sommertour unternehmen.

Farbenfrohe viktorianische Holzhäuser in der alten Hafenstadt St. John's

L'Anse aux Meadows

[125 E1] Die 1960 aufgefundene, sagenhafte Kolonie *Vinland* der Wikinger an der äußersten Nordspitze Neufundlands war die erste Siedlungsstätte von Europäern in der Neuen Welt. Erik der Rote siedelte von Grönland kommend hier beeits um 1000 n. Chr. Originalgetreu rekonstruierte Erdhütten und Ausstellungen im Visitor Centre der *National Historic Site* veranschaulichen das harte Leben der Nordmänner *(im Sommer tgl. 9–20 Uhr, Eintritt 7 $)*.

RESTAURANT

Norseman Cafe
Das weit und breit beste Restaurant im Norden der Insel. Spezialitat: *chowder*, Fisch und Hummer. Dazu gehören eine Kunstgalerie und ein B & B-Inn mit 4 Zimmern. *Tel. 709/623-20 18, www.valhalla-lodge.com*, **€€**

Gros Morne National Park

[125 D2–3] Der von der Unesco als Welterbe ausgezeichnete, 1805 km^2 große Park bewahrt die geologisch einzigartige Westküste Neufundlands mit ihren Fjorden und Tafelbergen. Das *Discovery Centre* in *Woody Point* erläutert die Naturgeschichte des Parks. Eine ★ Bootsfahrt auf dem *Western Brook Pond*, einem 15 km langen Inlandsfjord, führt an 600 m hohen Klippen vorüber *(Reservierung Tel. 709/458-27 30)*. Weitere Bootsausflüge sind auf der *Bonne Bay* und auf der malerischen *Bay of Islands* südlich des National Parks möglich.

Labrador

[0] Der fast 300 000 km^2 große Festlandsteil der Provinz ist eines der letzten echten Wildnisgebiete unserer Erde. Erst seit der Fertigstellung des Highway 510 vor wenigen Jahren ist eine Rundfahrt in Labrador möglich: mit der Fähre nach *Blanc Sablon*, dann per Auto bis *Cartwright*, von dort mit einer weiteren Fähre bis *Goose Bay*, wo Sie Anschluss an das Straßensystem von Québec haben. Neben großartiger Natur wartet am Wege auch ein Abstecher nach *Battle Harbour:* Das 250 Jahre alte Fischerdorf wurde um 1930 verlassen und ist noch authentisch erhalten *(Bootstouren ab Mary's Harbour, www.battleharbour.com).*

ST. JOHN'S

[125 F4] Die Provinzhauptstadt von Neufundland & Labrador (175 000 Ew.), eine der ältesten Städte Nordamerikas, liegt um eine geschützte Meeresbucht an der Südostküste der Insel und bietet einen herrlichen, ganzjährig eisfreien Naturhafen, um den sich Engländer und Franzosen schon im 17. Jh. stritten. Der Hafen bestimmt auch heute das Leben der Stadt, wie das nautische Ambiente der *Water Street* zeigt.

SEHENSWERTES

Fluvarium

Interessante ökologische Ausstellungen mit einem Bach, der von Unterwasserfenstern aus beobachtet werden kann. *Pippy Park, im Sommer tgl. 9–17 Uhr, Eintritt 4 $*

St. John the Baptist

Katholische Kathedrale von 1841 mit reich geschmücktem Innenraum. *Military Rd., tgl. 8.30–20, Sa bis 18, So bis 12 Uhr, Eintritt frei*

St. John the Divine

Neugotische anglikanische Kathedrale von 1849. Im Juli und August gibts nachmittags im Krypta-Tearoom nach englischer Sitte Tee und scones. *Gower St., im Sommer tgl. 10–17 Uhr, Eintritt frei, Teetime 6 $*

MUSEEN

Cabot Tower/Signal Hill

Von dem wie eine Burg über dem Hafen thronenden Bau aus wurde 1901 der erste Funkkontakt nach Europa hergestellt. Bester Blick vom 160 m hohen Hügel, dem *Signal Hill. Im Sommer tgl. 8.30–20, sonst bis 16.30 Uhr, Eintritt 4 $*

Johnson Geo Centre Insider Tipp

Das großteils unterirdische Wissenschaftsmuseum erläutert die faszinierende Geologie Neufundlands. *175 Signal Hill Rd., tgl. 9.30–17, So ab 13 Uhr, Eintritt 6 $, www.geocentre.ca*

MARCO POLO Highlights »Neufundland«

★ **Bootsfahrt auf dem Western Brook Pond**
Grandioser Binnenfjord aus der Urzeit (Seite 82)

★ **Cape St. Mary's**
Steilklippen, in denen große Vogelkolonien nisten (Seite 85)

The Rooms
Ganz neues Provinzmuseums mit Ausstellungen über Pioniergeschichte, Kunst und Kultur der Region. *9 Bonaventure Ave., im Sommer tgl. 10–17, So ab 12 Uhr, Eintritt 5 $, www.therooms.ca*

ESSEN & TRINKEN

Trapper John's
Historisch gestylte Kneipe im Nightlifeviertel. Bekannt auch für die Zeremonie des *screech-in,* bei der Erstbesucher der Insel mit Rum und Kabeljau drangsaliert werden. *2 George St.,* €

Velma's
Traditionelle, herzhafte Neufundlandkost; guter Sonntagsbrunch. *264 Water St., Tel. 709/576-22 64,* €–€€

EINKAUFEN

In den Kunsthandwerksläden an der *Water Street* und der *Duckworth Street* finden Sie als Mitbringsel schöne Modellschiffe, aber auch die typischen gestrickten Handschuhe sowie Kunsthandwerk aus den abgelegeneren Dörfern.

ÜBERNACHTEN

Murray Premises
Elegantes kleines Hotel direkt am Hafen in einem renovierten Lagerhaus von 1846. *28 Zi., 5 Beck's Cove, Tel. 709/738-77 73, www.murraypremiseshotel.com,* €€€

Quality Hotel
Modern, beste Lage in der Innenstadt und Hafenblick. Gutes Restaurant. *160 Zi., 2 Hill O'Chips, Tel. 709/754-77 88, www.qualityinn.com,* €€

TOUREN

East Coast Trail
Insider Tipp
Spektakulärer, 220 km langer Trail entlang der Ostküste der Avalon-Halbinsel von St. John's aus nach Süden. Auch Teilstücke sind gut zu gehen *(www.eastcoasttrail.com).* Organisierte Touren und Gepäcktransport bietet *Trail Connections (Tel. 709/335-83 15, www.trailconnections.ca).*

Newfies überall

Gutmütiger Spott gehört dazu

Die Neufundländer, die *Newfies*, sind die Ostfriesen Kanadas. »Um Mitternacht geht die Welt unter – in Neufundland um 12.30 Uhr,« so einer der gängigen Witze. Er spielt darauf an, dass die Uhren in Neufundland tatsächlich eine halbe Stunde hinter der Atlantikzeit her hinken – und darauf, dass die Neufundländer an sich etwas weltfremd sind. So manche der Witze sind krude, viele auch international. Aber die Neufundländer haben viel Humor und tragen ihr Schicksal gelassen. Eine gute Sammlung finden Sie unter *www.offdarock.com/newfiejokes.asp.*

Die Clowns von Neufundland: Papageitaucher

Insider Tipp **O'Briens Boat Tours**

Bootsausflüge zu Vogelfelsen und zur Walbeobachtung. *Bay Bulls, Tel. 709/753-48 50, www.obriensboattours.com*

AUSKUNFT

Department of Tourism

Info Centres am Flughafen und in der City Hall. Tel. 800/563-63 53, www.gov.nl.ca/tourism

ZIELE IN DER UMGEBUNG

Cape St. Mary's [125 E5]

★ Im Sommer sind auf der felsigen Landzunge rund 150 km südwestlich von St. John's riesige Vogelkolonien von Tölpeln und Dreizehenmöwen zu beobachten.

Cape Spear [125 F4]

Dieses wellenumtoste, 10 km von St. John's entfernte Kap mit seinem Leuchtturm aus dem 19. Jh. ist der östlichste Punkt Nordamerikas.

Colony of Avalon [125 F4]

Bei *Ferryland,* rund 80 km südlich von St. John's, liegt die Ausgrabungsstätte der ältesten englischen Siedlung auf Neufundland – gegründet bereits im Jahr 1621. Man darf den Archäologen und Restaurateuren zusehen, Ausstellungen erläutern die Geschichte.

TWILLINGATE

[125 E2] Ein weites Labyrinth von Inseln und Buchten umgibt den Fischerort (2600 Ew.) an der Nordküste Neufundlands. Im Juni und Juli können Sie vom Leuchtturm des Örtchens aus sehr gut die riesigen Eisberge sehen, die aus Labrador herabtreiben. Insider Tipp

Zweistündige Bootstouren zu den Eisbergen, Walen und Seelöwen in der Notre Dame Bay organisiert *Twillingate Adventure Tours (Tel. 709/884-59 99, www.daybreaktours.com).*

Zwischen Atlantik und Großen Seen

Die Touren sind in der Karte auf dem hinteren Umschlag und im Reiseatlas ab Seite 116 grün markiert

1 FELSBUCHTEN UND SANDSTRÄNDE: DIE ATLANTIKPROVINZEN

Rund 12 bis 14 Tage sollten Sie für diese 2100 km lange Rundreise durch die Ostprovinzen Kanadas einplanen. Eine Fahrt zu Fischerdörfern und feinen Lobsterlokalen, zu wellenumspülten Klippen in Nova Scotia, Wäldern und stillen Wattlandschaften in New Brunswick und zu den verblüffend warmen Dünenstränden auf Prince Edward Island. Die beste Reisezeit für die Region ist von Juni bis Mitte September.

Von *Halifax (S. 72)* aus schlängelt sich der Highway 7 entlang der flachen, aber von zahllosen Buchten zergliederten Südküste Nova Scotias ostwärts. Lange Reihen weißer Bojen im dunklen Wasser zeigen, dass um die Fischerorte auch Austern gezüchtet werden. An Land versuchen kleine Farmen dem kargen Boden etwas Gemüse abzuringen. Noch viel mühsamer – und einsamer – muss das Pionierleben vor 150 Jahren in diesem Küstenstrich gewesen sein, wie das Museumsdorf *Sherbrooke Village* (am Highway 7) anschaulich dokumentiert.

Jenseits des Damms über die fast 1,5 km breite und 65 m tiefe *Strait of Canso* wartet das erste große Highlight der Reise: *Cape Breton Island (S. 69)* mit dem gleichnamigen Nationalpark, den die großartige Panoramastraße des *Cabot Trail* umrundet. Mindestens zwei bis drei Tage sind für die Erkundungen auf der Insel nötig – und verpassen Sie nicht einen Abstecher in die altfranzösische Festungsstadt *Louisbourg (S. 70)* an der Ostspitze. Ebenso faszinierend: Nahebei in der Bergwerksstadt *Glace Bay* zeigt das *Miners' Museum (42 Birkley St.)*, wie früher in kilometerlangen Stollen unter dem Meer Kohle abgebaut wurde.

Insider Tipp

Zurück von der Insel, geht es durch saftgrünes Farmland auf dem *Trans-Canada-Highway* weiter durch den Norden Nova Scotias. *Antigonish, New Glasgow* – alles alte schottische Siedlungen. So auch *Pictou,* ein betriebsamer Hafenort der Lobsterfischer, deren Arbeit im *Northumberland Fisheries Museum (106 Front St.)* erläutert wird. Anfang Juli findet hier ein *Lobster Carnival* statt.

Herbstfärbung in den Cape Breton Highlands

Stets mobil: mit dem Camper an der Bay of Fundy

Das nächste Ziel liegt eine kurze Fährfahrt weiter: die idyllische Inselprovinz *Prince Edward Island (S. 76)*. Die winzige Hauptstadt *Charlottetown* verdient einen Besuch, danach sollten Sie sich einen Pausentag zum Baden an den rot schimmernden Sandstränden des *P. E. I. National Park* gönnen – und abends in einem der umliegenden Fischerorte wie etwa *North Rustico* zum Lobsterschlemmen gehen.

Über die gewaltige, erst 1998 fertig gestellte Confederation Bridge führt die Route über die Northumberland Strait wieder aufs Festland – nach *Cape Tormentine* ganz im Süden der Provinz New Brunswick. Weite Marschlandschaften begleiten die Fahrt über *Sackville (S. 79)* nach *Moncton*, wo ein seltenes Naturphänomen wartet: Insider Tipp Dank des Gezeitenunterschieds von 7,5 m kehrt sich zweimal täglich der Lauf des Petitcodiac River um, und man kann oft sogar eine 30–40 cm hohe Flutwelle beobachten, wenn das Salzwasser gegen den Fluss aufläuft. Sogar noch höher ist der Tidenhub in der *Bay of Fundy*, deren Ufer der Highway 114 nun südwärts zum *Fundy National Park (S. 72)* folgt.

Doch auch das Binnenland hat seine Reize, wie sich im Tal des Saint John River zeigt: sanfte Hügel, Wälder, Farmen und auch die Provinzhauptstadt *Fredericton (S. 71)* mit dem hervorragenden Museumsdorf *Kings Landing*. Zurück an der Küste, geht es von der großen Hafenstadt *Saint John (S. 79)* aus per Fähre über die Bay wieder nach Nova Scotia und direkt in das *Annapolis Valley*. Ein höchst geschichtsträchtiges Tal, denn hier siedelten sich in *Port Royal* im Jahr 1604 die ersten Franzosen in Kanada an.

Südlich von *Annapolis Royal (S. 68)* taucht der Highway 8 in hügeliges Waldland ein, wo sich im *Kejimkujik National Park (S. 76)* Gelegenheit bietet, Kanada ganz klassisch zu erleben: per Kanu auf einem der stillen Seen. Trubeliger wird es auf der Rückfahrt nach Halifax entlang der Südküste: Die pittoresken Hafenorte der Region wie etwa *Lunenburg (S. 75)*, *Mahone Bay* oder *Peggy's*

Cove (S. 75) leben heute überwiegend vom Tourismus und locken mit Galerien und Kunsthandwerksläden zum Shopping ein – und mit exzellenten Lokalen zu einem Abschiedsdinner mit frischem Fisch.

2 AM ST. LAWRENCE DURCH NEUFRANKREICH

Der rote Faden dieser Reise durch die »Belle Province« ist der St. Lawrence, der Schicksalsstrom Neufrankreichs. An seinen Ufern reihen sich bunte Metropolen und alte Pionierdörfer, im Umland warten die Wälder der Laurentian Mountains und die klippengesäumte Gaspé-Halbinsel. In 16–18 Tagen ist die knapp 3000 km lange Tour gut zu schaffen. Beste Zeit: Juni bis Anfang Oktober.

Zwei Tage verdient *Montréal (S. 47)*, die lebensfrohe Metropole, zum Auftakt der Reise. Von hier aus bringt Sie der Highway 40 durch die fruchtbare Tiefebene des St. Lawrence weiter nach *Trois-Rivières (S. 65)*. Gelegenheit für einen ersten Abstecher ins Hinterland: in die von den Eiszeitgletschern zerfurchten Laurentian Mountains im *Parc National de la Mauricie (S. 65)*.

Zurück in Trois-Rivières, geht es auf der Route 138 am Ufer des nun schon mehrere hundert Meter breiten St. Lawrence weiter stromabwärts. Die kurvige Landstraße folgt dem alten *Chemin du Roi*, den der Gouverneur Neufrankreichs 1737 anlegen ließ, um die Siedlerdörfer und die Güter der Adeligen miteinander zu verbinden. Herrenhäuser, alte Kirchen und Mühlen im normannischen Stil in den kleinen Orten wie *Deschambault* oder *Portneuf* erinnern an die Glanzzeiten von *Nouvelle France*. Noch mehr historisches Flair bieten wenig später die denkmalgeschützte Altstadt von *Québec City (S. 60)* und die der Stadt vorgelagerte *Île d'Orléans (S. 63)* mit ihren nostalgischen Bauernorten.

Auch das nächste Routenstück folgt dem Nordufer des St. Lawrence: entlang der *Côte de Beaupré (S. 63)* nach *Baie-Saint-Paul (S. 56)* und mit herrlichen Ausblicken über den Strom weiter auf der Route 362 zum hübsch gelegenen Künstlerort *La Malbaie*. Dann ein weiterer Abstecher in die Berge: in die fast norwegisch anmutende Fjordlandschaft der *Saguenay-Region (S. 64)* und zum *Lac Saint-Jean*. Industrieorte wie *Chicoutimi* – eine Hochburg der Québecer Separatisten – wechseln sich ab mit verschlafenen Dörfern, schroffen Steilufern und Badestränden.

Halten Sie auf der Weiterfahrt die Augen offen, denn um die Mündung des Flusses Saguenay sind oft Wale zu beobachten (Bootstouren ab *Tadoussac*). Immer wieder bieten sich auf dem Weg nach *Baie-Comeau (S. 56)* Ausblicke über den St. Lawrence. Die Berge drängen näher an die Küste heran, die Landschaft wird einsamer und nordisch-herber.

Per Autofähre führt die Reise an die Südküste des schon wie eine Meeresbucht wirkenden St. Lawrence. Der Zielhafen *Matane* liegt bereits auf der reizvollen *Gaspé-Halbinsel (S. 57)*, die ihren dramatischen Höhepunkt im *Parc National de Forillon* findet. Einen Pausentag verdient das Örtchen *Percé:* für Strandwanderungen oder auch für einen Bootsausflug zu den Vogelkolonien der *Île Bonaventure (S. 59)*.

Sonnige Ferienorte an der *Baie des Chaleurs* säumen den weiteren Weg um die Halbinsel. Dann geht es zurück nach Westen ins Tal des St. Lawrence. Sehenswert am Weg: der *Parc Bic* bei Rimouski und das Holzschnitzerdorf *St-Jean-Port-Joli.*

Auch auf der Autobahnfahrt von Québec City zurück nach Montréal lohnt sich noch ein Abstecher – in das ursprünglich von den Engländern besiedelte Farmland der *Eastern Townships* um *Magog (S. 59).* Waldumrahmte Seen und kleine idyllische Dörfer wie *North Hatley* sorgen für einen stimmungsvollen Ausklang der Tour.

3 INS REICH DER IROKESEN UND OJIBWA: ONTARIO

Die Kontraste zwischen belebten Städten und wilder Natur machen die zweitgrößte Provinz Kanadas besonders reizvoll. Hier Toronto und das feine Ottawa, dort die einsamen Seen des Algonquin Provincial Park, die donnernden Niagarafälle und die felsigen Ufer des Lake Huron, nicht zu vergessen die Indianerreservate, etwa auf Manitoulin Island. Die 2300 km lange Fahrt zeigt in 2–3 Wochen die schönsten Ecken Ontarios.

Die berühmteste Attraktion Ontarios steht gleich am Anfang der Tour: Die *Niagara Falls (S. 39)*, nur zwei Stunden Autobahnfahrt südlich von *Toronto (S. 27).* Doch dann geht es auf Nebenstraßen weiter: über das historische Städtchen *Niagara-on-the-Lake (S. 40)* und durch die Obstplantagen von *St. Catharines* ins Land der Irokesen. In *Brantford* zeigt das sehr gute Museum des *Woodland Cultural Centre* die Geschichte Kanadas – aus der Perspektive der Indianer *(Mo–Fr 9–16, Sa/So 10–17 Uhr, 184 Mohawk St.).* Führungen durch das Reservat sind

Insider Tipp

Genießen Sie einen Bummel durch die Altstadt von Niagara-on-the-Lake

im *Odrohekta Visitor Centre* am Highway 54 östlich des Orts zu buchen.

Für die Weiterfahrt bleiben Sie auf Landstraßen: Durch beschauliches Farmland bummeln Sie über *Kitchener (S. 37)* und Mennonitendörfer *(S. 38)* wie *St. Jacobs* und *Elora* nordwärts zur Georgian Bay. *Midland (S. 38)* war einst wichtiges Siedlungszentrum der Huronen. Lohnend: ein Abstecher in den Vorort *Penetanguishene,* dessen Museumsdorf *Discovery Harbour (S. 98)* das Leben der weißen Soldaten und Siedler vor 200 Jahren illustriert. Insider Tipp

Zeit für einen Pausentag: an den Stränden von *Wasaga Beach (S. 39)* oder – für Naturfans – in *Tobermory* an der Spitze der *Bruce Peninsula.* Im gleichnamigen Nationalpark warten stille Buchten mit glasklarem Wasser und Trails entlang der felsigen Küste darauf, entdeckt zu werden. Eine kurze Fährfahrt mit der »M. S. Chi-Cheemaun« bringt Sie nordwärts nach *Manitoulin Island (S. 38),* der Insel der Ojibwa-Indianer (Museum in West Bay westlich von *Little Current,* im Sommer häufig Tanzfeste).

Durch eine wildromantische Schärenlandschaft führt die Route weiter nach Norden und dann durch einsame Wälder auf dem *Trans-Canada-Highway* zur Bergbaustadt *Sudbury (S. 44).* Schön für Wildnisfans: eine Kanutour im noch weit gehend unberührten *Killarney Provincial Park* südlich der Stadt *(Bootsvermietung am Highway 637).* Weiter nach Osten über *North Bay* am Ufer des Lake Nipissing und dann nach Süden bis *Huntsville.* Einen ganzen Tag verläuft die Route durch die typische Landschaft des Kanadischen Schilds – Wälder, kleine Seen, Granitfelsen, wohin das Auge reicht. Ganz ähnlich bleibt die Szenerie im *Algonquin Provincial Park (S. 35),* wo sich entlang der Trails oder auf einer Kanutour mit großer Wahrscheinlichkeit Elche und Biber beobachten lassen. So stellt man sich Kanada vor – die Klischees stimmen.

In der Gegend um Kitchener sind die Mennoniten beheimatet

Zivilisierter wird es wieder im breiten Tal des Ottawa River: Kleine Farmen, Apfelplantagen und Gemüsefelder säumen den Highway 17 auf dem Weg zur Bundeshauptstadt *Ottawa (S. 41),* die mit ihren hervorragenden Museen und schönen Promenaden einen Tag Aufenthalt wohl verdient. Auf dem Highway 16 geht es entlang des Rideau River, eines historischen Wasserwegs, weiter nach Süden. Nicht verpassen: einen Abstecher nach *Morrisburg (S. 43)* und zum Museumsdorf *Upper Canada Village.* Zur letzten Etappe führt die Route dann entlang des breiten St. Lawrence durch die malerische Inselwelt der *Thousand Islands* (Bootstouren ab *Gananoque)* zur historischen Universitätsstadt *Kingston (S. 36)* und dann über die Autobahn 401 am Nordufer des Lake Ontario wieder zurück nach Toronto.

Aktiv zu Wasser und zu Lande

Viel Platz und stille Natur erwartet die Sportler in Ostkanada – ein ideales Revier für Outdoorfans

Ob traditionelle Aktivitäten wie Kanufahren, Golf und Tennis oder moderne Trendsportarten wie Seakayaking und Mountainbiking – die Kanadier sind mit Begeisterung dabei. Seit Pionierzeiten liegt ihnen das Outdoorleben im Blut. Und die Natur bietet ihnen – oft sogar im direkten Umland der Großstädte – beste Bedingungen für ihre Sportarten, schöne Panoramen inklusive. Auch den Besuchern wird es leicht gemacht: Jedes größere Hotel und jedes Ferienresort hat ein eigenes Fitnesscenter und dazu einen *activity desk*, wo man *tee-times* für den meist hauseigenen Golfplatz buchen und Infos über andere Sportarten erhalten kann.

Zahlreiche *rental shops* in Parks und Städten vermieten Kanus, Bikes und anderes Sportgerät. Tipps und Landkarten für die jeweilige Region bekommen Sie gleich dazu. Organisierte Tagestouren sind vor Ort auch kurzfristig zu buchen. Mehrtägige Rad-, Tauch- oder Kajakexkursionen reservieren Sie besser vorab.

Interessante Entdeckungen beim Wandern: Felszeichnungen nahe dem Lake Superior

ANGELN

Angeln ist in den zahllosen Seen und Flüssen recht unkompliziert, man benötigt jedoch eine Genehmigung. Je nach Provinz und Gültigkeitsdauer kostet die in Sportgeschäften und Lodges erhältliche Lizenz 20–100 $. Für die Nationalparks ist eine eigene Angellizenz nötig, die Sie bei den jeweiligen Visitor Centres erhalten. Petrijünger werden vor allem im einsamen Norden der Provinzen ihre Traumreviere finden – riesige Seenplatten, in denen Barsche, Weißfische und auch kämpferische Hechte buchstäblich auf die Köder warten.

Eine abgelegene Fly-In-Lodge mit mehreren Wildniscamps im Nordwesten von Ontario ist *Halley's Camp* – ideal für passionierte Angler *(Minaki, Tel. 807/224-65 31, www.halleyscamps.com)*. Ebenfalls für Naturliebhaber und Angler bestens geeignet ist das *Phare de Pointe-des-Monts:* Insider Tipp Hier stehen einfache Blockhütten am wildromantischen Nordufer des St. Lawrence, Walbeobachtung inklusive *(Pointe-des-Monts, Québec, Tel. 418/939-23 32 oder 589-84 08, www.pointe-des-monts.com)*.

BIKING

Gute Routen für mehrtägige Touren bieten vor allem Cape Breton Island, Prince Edward Island und die Landstraßen im Süden Ontarios in der Region um Kitchener. Räder zu mieten ist in Kanada kein Problem, denn Mietläden finden Sie in den meisten Städten *(Preise: 15–25 $ pro Tag, 50–120 $ pro Woche)*.

MacQueen's vermietet Räder und organisiert Rundfahrten auf P. E. I. *(430 Queen St., Charlottetown, Tel. 902/368-24 53, www.macqueens.com)*. Radvermietung für Fahrten an der Waterfront in Toronto und zu den Toronto Islands bietet *Wheel Excitement (249 Queen's Quay W, hinter dem Radisson Hotel, Tel. 416/260-90 00)*. Und auf dem Cabot Trail in Nova Scotia werden geführte Touren von *Sea Spray Cycle Center* veranstaltet – auch Radvermietung *(Dingwall, Tel. 902/383-27 32, www.cabottrail-outdoors.com)*.

KANU & KAJAK

Wie einst die Indianer und Trapper per Kanu durch die Wildnis zu ziehen, ist eines der schönsten Erlebnisse in Kanada. Kanus sind stunden- oder tageweise bei vielen Lodges und Outfitters zu mieten – und stille Seen gibt es überall. Reviere für echte Wildnistouren auf den Spuren der Pelzhändler finden Sie vor allem im Norden von Ontario. Sehr beliebt ist neuerdings auch Seakayaking in den geschützten Buchten am Atlantik. Viele Links und Tipps zum Kanufahren finden Sie auf der informativen Website von *Paddling Ontario Alliance (www.paddlingontario.com)*.

Canoe Frontiers unternimmt Wildnisexpeditionen im hohen Norden rings um die James Bay *(Pickle Lake, Tel. 807/928-23 46, www.canoefrontier.com)*. Halbtagestouren per Kajak in der Bay of Fundy verstaltet *Cape Enrage* – nahe Alma und dem Fundy National Park *(Tel. 506/877-22 73, www.capenrage.com)*. Insider Tipp

REITEN

Die großen Ranches liegen im Westen Kanadas, aber auch im Osten gibt es öfters Gelegenheit, einen Ausritt ins Hinterland zu unternehmen. *Trailriding* heißt das, und entlang der Highways laden Schilder zu den Outfitters ein, die auch Pferde haben. Große Reitkenntnisse sind nicht nötig, denn geritten wird im Westernstil auf breiten Sätteln, die Pferde sind lammfromm und gehen brav hintereinander.

TAUCHEN

An Unterwasserabenteuer würde man bei Kanada auf Anhieb gar nicht denken. Doch die nordischklaren Gewässer bieten beste Voraussetzungen dazu – allerdings sollten Sie etwas Erfahrung haben und für Binnengewässer unbedingt einen Neopren-, für den häufig sehr kalten Atlantik sogar einen Trockenanzug benutzen. Wenn Sie den Aufwand nicht scheuen, können Sie Lobster in den Felsspalten suchen und gut erhaltene Schiffswracks erkunden. Vor allem die Küsten von *Nova Scotia* (Sable Island galt früher als der Friedhof des Atlantik) und die *Bruce Peninsula* im Lake Huron sind exzellente Tauchgründe.

Mit dem Kajak zum nächsten Eisberg

Ein- und mehrtägige Tauchexkursionen zu den Schiffswracks vor der Küste von Nova Scotia können Sie mit *Dive Quest* unternehmen *(101 Oakhill Ridge Lewis Lake, Nova Scotia, Tel. 902/222-89 00, www.divequest.ca)*

Infostelle für Taucher auf der Bruce Peninsula und Umgebung ist die *Tobermory Maritime Association (3 Centennial Dr., Tobermory, Tel. 519/596-23 63, www.tobermorymaritime.com).*

WANDERN

Die größte Auswahl an Trails – ausgeschildert und gepflegt – findet sich in den Nationalparks und den Provinzparks. Die *wardens* im jeweiligen Visitor Centre geben gern Auskunft über die besten Pfade. Gute Wegenetze bieten z. B. *Cape Breton Highlands*, die *Gaspé-Halbinsel* oder auch die *Bruce Peninsula*. Außerhalb der Parks ist Wandern oft schwierig – Wildnis heißt in Kanada tatsächlich weglose Einsamkeit. Ganz neu wird derzeit der *Trans-Canada-Trail* gebaut, der als längster Pfad der Welt quer durch alle Provinzen von Neufundland bis an die Pazifikküste führen soll. Teilstrecken sind bereits zu erwandern *(Info unter www.tctrail.ca).* Insider Tipp

WINTERSPASS

Schnee und Kälte können die Winter im Osten Kanadas reichlich bieten, wenn auch die wenigen Skipisten nicht an die Pulverschneereviere der Rockies heranreichen. Dafür können in vielen Wintersportzentren auch andere weiße Sportarten gepflegt werden: Schneeschuhwandern, Hundeschlittenfahren, Eisfischen und Snowmobiling. Empfohlen sei dafür die *Voyageur Quest Lodge*, eine Winterlodge westlich des Algonquin Provincial Park *(22 Belcourt Rd., Toronto, Tel. 416/486-36 05, www.voyageurquest.com).*

Wasserspaß und Campingleben

Ferien in Kanada sind für Kids der Hit: Baden im See und abends ein Lagerfeuer mit Marshmallow-Grillen

Wie die USA ist auch Kanada kinderfreundlich wie kaum ein Reiseland in Europa. Die Kanadier selbst reisen viel mit ihren Sprösslingen, und kein Mensch regt sich auf, wenn am Nebentisch im Lokal die Kinder mal quengeln.

Die touristische Infrastruktur ist daher gut auf Familien eingestellt. Im Lokal gibt es spezielle Kinderteller und natürlich Kindersitze. Die meisten Hotels bieten – oft ohne Aufpreis – separate Kinderbetten an, und zu vielen Motels gehört neben einem Pool auch ein Planschbecken für die Kleinen. Babysitter werden in Ferienanlagen und Hotels ohne Probleme vermittelt, manchmal sogar mit spezieller Kinderbetreuung. Kindersitze im Mietwagen sind nicht nur selbstverständlich, sondern sogar Pflicht und werden auf Anfrage von den Mietfirmen gestellt.

Ab einem Alter von drei bis vier Jahren ist eine Reise nach Kanada mit Kindern kein Problem. Allerdings sollten Sie das Reisetempo etwas langsamer planen, damit Zeit bleibt, auf die Bedürfnisse des Nachwuchses einzugehen. Kanufahren zum Beispiel macht Spaß. Badeseen gibt es an jeder Ecke. Wasserparks und Trapperforts wollen entdeckt werden, und manche Orte haben gar ein eigenes *Children's Museum* (dafür sollten allerdings die Eltern englisch oder französisch sprechen). Sehr beliebt ist auch eine Reise per Wohnmobil: Das Fahrzeug schafft eine vertraute, gleich bleibende Umgebung, und das Camperleben mit Lagerfeuer, Tieren hautnah und viel Bewegung lässt die Ferien in Kanada garantiert zum Erfolg werden.

Den Kleinen macht oft Großes Spaß

TORONTO

Black Creek Pioneer Village [120 C4]

Das Museumsdorf 30 km nordwestlich von Toronto nahe dem Highway 400 zeigt, wie die Pioniere zur Mitte des 19. Jhs. lebten. In den Werkstätten wird gehämmert, Kühe grasen auf der Weide. Der Hof im Zentrum der Anlage gehörte früher einer deutschen Familie. *Jane St./Steeles Ave. W, im Sommer tgl. 10–17, sonst 9.30–16 Uhr, Jan.–April geschl., Eintritt 11 $, Kinder 7 $*

Centreville Amusement Park [120 C5]
Schön mit kleineren Kindern: erst eine Fährfahrt auf eine Insel, dann ein nostalgischer Vergnügungspark. *Centre Island, Ende Mai–Anfang Sept. tgl. ab 10.30 Uhr, Eintritt frei, Pass für alle Fahrgeschäfte 25 $*

Ontario Place [120 C5]
Der weitläufige Vergnügungspark am Westrand der Innenstadt Torontos bietet den Kids auf mehreren künstlichen Inseln im Lake Ontario Wasserrutschen, Minigolf, Kindertheater, ein *Miniatur Childrens Village* und ein altes Navyschiff. Im Juni/Juli an den Wochenenden Feuerwerkshows. *955 Lakeshore Blvd. W, Mitte Mai–Anfang Sept. tgl. 10–24 Uhr, Eintritt 32 $*

Toronto Zoo [120 C5]
Ein Kamelritt gefällig? Oder lieber eine Fahrt mit dem Zoomobil durch das 7 km^2 große Gelände mit über 5000 Tieren? *Hwy. 401/Meadowvale Rd., tgl. 9.30–16.30, im Sommer bis 19.30 Uhr, Eintritt 19 $, Kinder 11 $, www.torontozoo.com*

ONTARIO

Canadian Children's Museum [121 E3]
Puppenstuben, Spielzeug aus aller Welt und ein bunt dekorierter Bus aus Pakistan – das nationale Kindermuseum, ein Teil des *Museum of Civilization*, zeigt eine großartige Palette kindgerechter Ausstellungen zu vielen Kulturen aus aller Welt. *Ottawa/Hull, 100 Rue Laurier, tgl. 9–17, im Sommer bis 18 Uhr, im Winter Mo geschl., Eintritt 10 $, Familien 22 $, www.civilization.ca*

Discovery Harbour [120 C4]
Der Museumshafen am Ufer des Lake Huron bietet für Kinder ein großes Mitmachprogramm: Sie lernen Knoten machen, dürfen Modellschiffe bauen und auch auf originalen alten Segelschiffen mitfahren. *Penetanguishene/Midland, 93 Jury Dr., Juli–Sept. tgl. 10–17 Uhr, Eintritt 6,50 $, Kinder 4,50 $, www.discoveryharbour.on.ca*

Doon Heritage Crossroads [120 B5]
Kanadisches Landleben auf einer hundert Jahre alten Farm ist hier zu erleben: Ochsen ziehen den Pflug, Gänse schnattern, und die (kostümierten) Bewohner spielen in restaurierten Häusern Farmerleben wie einst. *Kitchener, Hwy. 401, Exit 275, im Sommer tgl. 10–16.30 Uhr, Eintritt 6 $*

Marineland [120 C5]
Großes Ozeanarium mit mehreren Wal- und Delfinshows, Aquarien, Streichelzoo und Achterbahnen. *Niagara Falls, 7657 Portage Rd., Mitte Mai–Mitte Okt. tgl. 10–17, Sa/So bis 18 Uhr, Eintritt 37 $, Kinder 30 $, www.marinelandcanada.com*

Wasaga Waterworld [120 C4]
Wellenbad mit großen Rutschen in einem bunten Strandort; auch Minigolf. *Wasaga Beach, Hwy. 92, Mitte Juni–Anfang Sept. tgl. 10–18 Uhr, Eintritt 22 $*

MONTRÉAL

La Ronde [121 F3]
Großer Vergnügungspark auf einer Insel mitten im St. Lawrence. Mehrere Achterbahnen, Turmspringer-

Tiere aus nächster Nähe beobachten: Im Safaripark ist es möglich

und Marionettenshows sowie Musikbühnen. Schön auch mit kleineren Kindern. *Île Sainte-Hélène, im Sommer tgl. 10–23.30 Uhr, Eintritt 30 $, Kinder 20 $, www.laronde.com*

Pepsi Forum **[U A5]**
Perfekt für Teenies: Im alten Hockeystadion ist heute ein Kinokomplex untergebracht, dazu gibt es eine Kletterwand, Bowling, Restaurants, eine Disko und zahlreiche Szeneläden. *2313, Ste-Catherine Ouest*

QUÉBEC

Parc Safari **[122 B4]**
Großer Wildpark mit Bären, Wölfen und auch afrikanischen Tiergehegen; dazu ein Wasserpark, Picknickplätze und Streichelzoo. *Hemmingford, Route 202, Ende Mai–Anfang Sept. tgl. 10–19 Uhr, Eintritt 20 $, www.parcsafari.com*

ATLANTIKKÜSTE

Cavendish **[123 F4]**
Der Badeort an der Nordküste von Prince Edward Island lockt Familien mit vielen Attraktionen: Minigolfplätze, Gokartbahnen wie *Sandspit* oder *Rainbow Valley* mit einem Streichelzoo und Wasserrutschen.

Discovery Centre **[123 F6]**
Technik zum Anfassen und viele Experimente zum Ausprobieren. *Halifax, 1593 Barrington St., tgl. 10–17, So ab 13 Uhr, Eintritt 6 $*

Shubenacadie River Adventure Tours **[123 E5]**
Turbulente Rafttouren auf den bis 5 m hohen Gezeitenwellen des Shubenacadie River an der Bay of Fundy in Nova Scotia – inklusive lustigem Schlammrutschen in den Schlickbänken! *South Maitland, 10061 Hwy. 215, Tel. 902/261-22 22, www.shubie.com*

Angesagt!

Was Sie wissen sollten über Trends, die Szene und Kuriositäten im Osten Kanadas

Musikszene

Kanadische Stars wandern oft nach Hollywood ab. Das schafft Platz für neue Talente, an denen es in Kanada nicht mangelt: Jüngster Star am Pop-Rock-Himmel ist neben *Avril Lavigne (www.avril-lavigne.com) Ryan Malcolm*, Gewinner der Show »Kanada sucht den Superstar«. Stets ausverkauft sind auch die Konzerte der *Barenaked Ladies (www.bnlmusic.com)*. Der Kultkanal im Fernsehen: *Much Music*.

Auf den Spuren der Titanic

Seit dem Megafilm ist Halifax ein absolutes Muss für Titanicfans. Ganze Anhängerscharen pilgern zum *Maritime Museum*, das auch einen Stadtplan mit allen Titanic-Schauplätzen herausgibt – darunter der *Fairview Lawn Cemetery*, wo Jack Dawson, Vorbild für die Filmfigur Jack Dawson (im Film gespielt von Leonardo di Caprio), liegen soll. Halifax war einst der rettende Hafen für die Überlebenden, viele der Opfer sind hier bestattet.

Coffeeshops

Bars sind tabu für Kids unter 19 Jahren (in Québec unter 18). Beliebte Hang-outs sind daher die neue Generation der Coffeeshops, Läden wie *Second Cup* etwa: Hier gibts Internetanschluss, Szenezeitschriften sowie cooles und gleichaltriges Publikum. Als Getränke im Trend: *Caffè Latte* mit verschiedenen Geschmäckern und *Americano* (Espresso mit heißem Wasser aufgegossen). Im Sommer beliebt: geeister *Granita*-Kaffee

Kosmetik

Bodystyling, verrückte Düfte und Mixturen sind »in«. An jeder zweiten Ecke verkaufen Boutiquen ihre Beauty-Utensilien. Die neuesten Trends sind immer bei der original kanadischen Kette *Mac* zu finden *(www.maccosmetics.com)*; die besten Shampoos und Seifen führen die Läden von *Lush* (nur in Ontario).

Keltische Klänge

Der Mief des Heimatabends umgab früher die Musik der schottischen und irischen Siedler in den Atlantikprovinzen. Heute aber ist *Fiddle*-Musik in irisch-keltischer Tradition, rockig verfremdet, angesagt. Derzeit die Stars, auf Platten und in Konzerten: *Ashley MacIsaac (www.ashley-macisaac.com)* und die Gruppe *Leahy (www.leahymusic.com)*, die den irischen Stepptanz perfekt beherrschen.

Von Anreise bis Zoll

Hier finden Sie kurz gefasst die wichtigsten Adressen und Informationen für Ihre Kanadareise

ANREISE

Air Canada und *Lufthansa* bieten in Kooperation tägliche Nonstopflüge ab Frankfurt und mehrmals pro Woche ab München nach Toronto und Montréal an. Neufundland ist mit *Air Canada* via London am schnellsten zu erreichen. Charter-Airlines wie *LTU, Condor* und *Air Transat* steuern Toronto und Halifax an. Von dort bestehen gute Anschlussverbindungen zu allen anderen Städten Ostkanadas.

Die großen Mietwagenfirmen *Avis, Hertz* und *National/Alamo* sind an allen Flughäfen vertreten. Auch *Taxis* und *Airportbusse* zur Innenstadt sind überall verfügbar. Falls Sie ein Wohnmobil reserviert haben, holt der Vermieter Sie meist vom Flughafen ab. Oder, noch besser, Sie fahren erst einmal in die Stadt und übernehmen das Fahrzeug am nächsten Morgen – ausgeschlafen für die erste Fahrt mit dem ungewohnten Gefährt.

AUSKUNFT

Die Versandstelle des Kanadischen Fremdenverkehrsamts verschickt allgemeine Broschüren, eine Liste aller Kanadareiseveranstalter und auf Anfrage auch Informationsmaterial zu einzelnen Provinzen Kanadas. *Kanada Tourismus Programm, Postfach 20 02 47, 63469 Maintal, Tel. 01805/52 62 32, Fax 06181/ 49 75 58, aus Österreich: 0049/ 6181/451 78, Fax 49 75 58, canada-info@t-online.de, www.travelcanada.ca*

In Kanada selbst finden Sie überall gut ausgeschilderte *Info Centres* und *Visitors Bureaus*, die Ihnen mit Landkarten und detaillierten Tipps weiterhelfen.

AUTO

Der nationale Führerschein ist für Reisen bis zu drei Monaten ausreichend. In allen Provinzen besteht Anschnallpflicht. Das Straßennetz ist in gutem Zustand, doch im Norden der Provinzen nur sehr weitmaschig ausgebaut.

Höchstgeschwindigkeit ist auf den Fernstraßen meist 80 oder 100 km/h, in Ortschaften 50 km/h, auf Autobahnen 110 km/h. Verkehrsregeln gelten wie in Europa, es gibt jedoch einige Besonderheiten: An Ampeln darf man auch bei Rot nach rechts abbiegen (nicht in Montréal), auf mehrspurigen Straßen ist das Rechtsüberholen erlaubt, Schulbusse mit eingeschalteter Warnblinkanlage dürfen aber auf keinen Fall passiert werden, auch nicht aus der Gegenrichtung.

Der kanadische Automobilclub *CAA* hilft auch Mitgliedern ausländischer Clubs (Ausweis mitbringen; Notrufnummer: *800/222-43 57).*

BUS & BAHN

Greyhound und mehrere regionale Buslinien *(z. B. Voyageur)* verbinden alle größeren Orte miteinander. Auskunft (auch zur Netzkarte *Discovery Pass)* im Reisebüro oder unter *www.greyhound.ca.*

Per Zug ist Kanada besonders schön auf der legendären Trans-Kanada-Route von Montréal nach Vancouver zu erleben (mehrere Monate vorab reservieren!). Weitere Linien führen von Montréal auf die Gaspé-Halbinsel und nach Halifax. Die Bahngesellschaft *VIA-Rail* bietet einen *Canrail-Pass* für ihr gesamtes Netz. Buchung aller Bahnfahrten bei den Vertretungen von *VIA-Rail.* Für Deutschland: *CRD International, Stadthausbrücke 1–3, 20355 Hamburg, Tel. 040/300 61 60, Fax 30 06 16 55, www.viarail.ca, www.crd.de/viarail*

Für Österreich: *Canadareisen.at, Buchberggasse 34, A-3400 Klosterneuburg. Tel. 02243/259 94, www.canadareisen.at*

CAMPING & JUGENDHERBERGEN

Die öffentlichen Campingplätze sind die schönsten: Naturnah, an Seen und in National Parks gelegen und mit Feuerstelle, Holzbänken, Wasserpumpe und Plumpsklo einfach ausgestattet, kostet die Nacht dort 5–20 \$. Private, luxuriös ausgerüstete Plätze finden Sie am Rand der Städte und außerhalb der Parks (Preise ca. 10–30 \$). Wildes Campen ist (außer in den Parks) nicht verboten, wird aber in besiedelten Gebieten nicht gern gesehen.

Die Häuser der *Canadian Hostelling Association* (Adressverzeichnis über den Buchhandel: *Hostelling International Handbook, Vol. 2, www.hihostels.ca)* kosten pro Nacht ab 15 \$, manchmal verfügbare Einzel- und Doppelzimmer ab 40 \$. In Großstädten können Rucksackreisende auch in den Heimen von *YMCA* (für Männer) und *YWCA* (für Frauen) absteigen, auf dem Land gibt es manchmal kleine *home hostels.*

DIPLOMATISCHE VERTRETUNGEN

Deutsche Botschaft
Mo–Fr 9–12 Uhr, 1 Waverley St., Ottawa, ON K2P 0T8, Tel. 613/232-11 01, Fax 594-93 30, www.ottawa.diplo.de

Österreichische Botschaft
Mo–Fr 9–12 Uhr, 445 Wilbrod St., Ottawa, ON K1N 6M7, Tel. 613/789-14 44, Fax 789-34 31, www.austro.org

Schweizer Botschaft
Mo–Fr 9–12 Uhr, 5 Marlborough Ave., Ottawa, ON K1N 8E6, Tel. 613/235-18 37, Fax 563-13 94, www.eda.admin.ch/canada

In Notfällen können Sie sich auch an die Generalkonsulate in Montréal oder Toronto wenden.

EINREISE

Für Deutsche, Österreicher und Schweizer genügt ein gültiger Reisepass zur Einreise. Auch Abstecher in die USA, etwa nach Detroit oder auf die amerikanische Seite der Niagarafälle, sind ohne US-Visum möglich (maschinenlesbarer Pass nötig und ab Oktober 2006 für neue Pässe zudem biometrische Daten).

GELD & DEVISEN

Landeswährung ist der kanadische Dollar (= 100 Cents). Es gibt Banknoten zu 5, 10, 20, 50 und 100 Dollar sowie Münzen zu 1 ¢ *(penny)*, 5 ¢ *(nickel)*, 10 ¢ *(dime)*, 25 ¢ *(quarter)*, 1 $ und 2 $.

Banken sind meist von 10 bis 15 Uhr geöffnet. Sie lösen Reiseschecks (ausgestellt auf kan $ oder US-$) ein, wechseln aber keine europäischen Währungen. Lediglich an den Flughäfen und in größeren Hotels kann man (zu schlechtem Kurs) ausländische Währungen in Dollar tauschen.

Die Reisekasse sollten Sie auf mehrere Zahlungsmittel verteilen: ca. 100 $ Bargeld für die Ankunft, Reiseschecks (kan $) für die täglichen Ausgaben (sie werden überall in Läden und Restaurants akzeptiert, man bekommt als Wechselgeld Bares zurück) sowie eine Kreditkarte (Visa oder Eurocard) für größere Ausgaben. Auch EC-Karten funktionieren an den meisten Geldautomaten.

€	kan $
1	1,50
2	3,00
3	4,40
5	7,35
7	10,30
10	15,00
25	36,75
50	73,50
75	110,00

kan $	€
1	0,68
2	1,35
3	2,05
5	3,40
7	4,75
10	6,80
25	17,00
50	34,00
75	51,00

INLANDFLÜGE & FÄHREN

Air Canada und manche Regionalfluglinien bieten bis zu 40 Prozent verbilligte Tarife für ihre innerkanadischen Strecken an. Diese Tickets müssen aber bereits vor der Reise in Europa gekauft werden.

Die meist im Stundentakt verkehrenden Fähren über den St. Lawrence in Québec und nach P. E. I. brauchen Sie nicht vorab zu buchen. Unbedingt zu empfehlen ist dagegen eine möglichst frühzeitige Reservierung für die Autofähren von Sydney/Nova Scotia nach Neufundland und zur Hochsaison im Sommer von Tobermory nach Manitoulin Island über den Lake Huron (Buchung im Reisebüro und bei allen Kanada-Veranstaltern; Info auch unter *www.marine-atlantic.ca* und *www.chicheemaun.com)*.

GESUNDHEIT

Die ärztliche Versorgung in Kanada ist sehr gut – aber teuer. Ein Tag im Hospital kann 1000 $ und mehr kosten. Daher sollten Sie unbedingt eine Auslandskrankenversicherung abschließen. Medikamente erhalten Sie in der *Pharmacy* und im *Drugstore.*

INTERNET

Kanada ist bestens vernetzt. In Hotels kostet der Internetzugang meist ab 10–15 $ pro Tag. Günstiger sind mit 1–3 $ pro 15 Min. die Webcomputer in Coffeeshops wie *The Second Cup* oder auch in Waschsalons. In allen öffentlichen Bibliotheken Kanadas können Sie kosten- Insider Tipp los im Web surfen und Ihre Mails abfragen.

Websites zu Kanada
www.travelcanada.ca
www.kanada.de
www.parkscanada.ca
weatheroffice.ec.gc.ca
www.bonjourquebec.com
www.ontariotravel.net

KLEIDERGRÖSSEN

Zwar hat sich Kanada schon vor Jahren auf das metrische Maß umgestellt, doch gerade bei Kleidung und Schuhen findet man häufig die amerikanischen Größen angegeben – nicht zuletzt, weil die Produkte vielfach aus den USA kommen. T-Shirts und Holzfällerhemden gibt es meist nur in den Größen *small, medium, large* und *X-large.* Bei Konfektionskleidern oder -hosen heißt es genauer aufpassen. Bei den Damen entspricht die US-Größe 4 der deutschen 34 (6 = 36, 8 = 38, 10 = 40 usw.), bei den Herren: 36 = 46, 38 = 48, 40 = 50 usw.

KLIMA & REISEZEIT

Abgesehen von den Küstenregionen am Atlantik und dem St.-Lawrence-Tal herrscht in Ostkanada extremes Kontinentalklima, das kalte Winter und heiße Sommer verspricht. Beste Reisezeit (und Hochsaison) ist von Mitte Juni bis Ende August. Doch Mai und September sind oft genauso schön – mit sonnigen, klaren Tagen und kühlen Nächten. Und im Herbst wird die Reise dann noch durch die flammenden Herbstfarben des Indian Summer verschönt. Zum Motorschlittenfahren und Langlaufen sind Februar und März am besten.

MIETWAGEN

Mindestmietalter: 21, oft 25 Jahre. Der nationale Führerschein genügt. Auto oder Wohnmobil sollten Sie einige Monate vorab buchen. Dies ist oft billiger und sicherer, da besonders Camper im Sommer häufig ausgebucht sind. Weitere Angebote für Autovermietungen finden sie unter *www.marcopolo.de.*

NOTRUF

911 oder *operator:* 0 wählen.

ÖFFNUNGSZEITEN

Läden sind überwiegend Mo–Sa 9.30–18 Uhr geöffnet; die großen Shoppingmalls Mo–Sa 10–21 und So 12–17 Uhr. Lebensmittelsupermärkte haben meist auch abends und wochenends offen, in Großstädten sogar rund um die Uhr. Viele Museen sind montags geschlossen.

POST

Postämter haben Mo–Fr 9–18 und Sa 8–12 Uhr geöffnet. Porto für Luftpostbriefe oder -karten nach Europa: 1,45 $. Aus den Großstädten ist eine Karte etwa 5 Tage unterwegs, aus dem Hinterland 8 bis 9 Tage.

STEUERN

Eine Mehrwertsteuer *(GST)* von 7 Prozent gilt in ganz Kanada. Hinzu kommen regionale Steuern von 6,5–12 Prozent. Alle Steuern werden erst beim Kauf hinzugerechnet. Ausländische Besucher können sich die *GST* erstatten lassen (Infos auf den Flughäfen).

STROM

Netzspannung 110 Volt, 60 Hertz. Steckdosenadapter für den (umschaltbaren!) Fön oder Rasierapparat vorab zu Hause besorgen.

TELEFON & HANDY

Alle Telefonnummern in Kanada sind siebenstellig, dazu kommt für Ferngespräche und in Großstädten mit mehreren Vorwahlen noch eine dreistellige Vorwahl *(area code).*

Ortsgespräche aus der Telefonzelle kosten 0,25–0,35 $, bei Ferngesprächen gibt nach dem Wählen eine Computerstimme die Gebühr an. Vorsicht: Im Hotel werden oft horrende Aufschläge berechnet! Bei allen Telefonproblemen hilft der *operator* (0 wählen) weiter, er vermittelt auch R-Gespräche *(collect calls).* Eine andere Besonderheit sind die gebührenfreien Nummern

Was kostet wie viel?

Kaffee	**1–1,50 Euro** für einen Pott Kaffee
Bier	**2,50–3 Euro** für ein Bier im Lokal
Steak	**9–15 Euro** für ein Steak mit Beilagen
Lobster	**14–18 Euro** für einen Lobster mit Beilagen
Tour	**40–50 Euro** für eine Halbtagstour per Raft oder Bike
Benzin	**0,60–0,70 Euro** für einen Liter bleifrei

mit der Vorwahl 800, 866, 877 oder 888, über die man z. B. Hotels oder Mietwagen reservieren kann.

Vorwahl nach Deutschland: 01149, nach Österreich: 01143, in die Schweiz: 01141. Danach die Ortsvorwahl ohne die erste Null und anschließend die Nummer. Vorwahl nach Kanada: 001.

Tri-Band-Handys aus Europa funktionieren auch in Kanada – aber nur in den Städten und gegen einen Aufpreise von ca. 2–3 Euro pro Minute. Weit preiswerter ist für Anrufe von der Zelle aus die bei den meisten Kiosken und in kleinen Märkten erhältliche *prepaid phone card.*

TRINKGELD

Im Restaurant ist das Bedienungsgeld nicht inklusive. Lassen Sie daher rund 15 Prozent des Rechnungsbetrags als *tip* auf dem Tisch liegen. Der Kofferträger im Hotel bekommt etwa 1–2 $ pro Gepäckstück.

ZEITZONEN

In der *Atlantic Standard Time,* die für Nova Scotia, P. E. I. und New Brunswick gilt, beträgt der Unterschied zur MEZ –5 Stunden, in Neufundland MEZ –4,5 Stunden. In den Provinzen Québec und Ontario gilt die *Eastern Standard Time* mit MEZ –6 Stunden. Vom ersten Sonntag im April bis zum letzten Sonntag im Oktober ist Sommerzeit (plus eine Stunde).

ZOLL

Pflanzen und frische Lebensmittel dürfen nicht eingeführt werden. Erlaubt sind pro Erwachsener 200 Zigaretten sowie 1,1 l Spirituosen. Dazu Geschenke bis zu 60 $ pro Empfänger. In die EU zollfrei eingeführt werden dürfen: 1 l Alkohol über 22 Prozent, 200 Zigaretten, 50 g Parfüm oder 250 g Eau de Toilette und andere Artikel im Gesamtwert von 175 Euro.

Wetter in Montréal

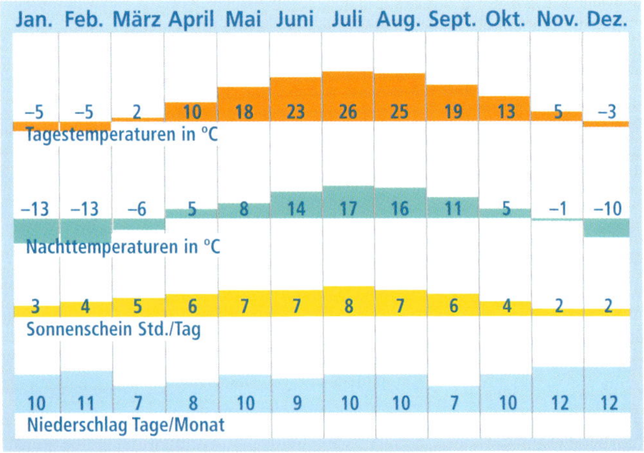

Do you speak American English?

»Sprichst du Englisch?«
Dieser Sprachführer hilft Ihnen, die wichtigsten Wörter und Sätze auf Englisch zu sagen

Zur Erleichterung der Aussprache sind alle englischen Wörter mit einer einfachen Aussprache (in eckigen Klammern) versehen.
Folgende Zeichen sind Sonderzeichen:
ə nur angedeutetes »e« wie in bitte
θ [s] gesprochen mit der Zungenspitze zwischen den Zähnen
' die nachfolgende Silbe wird betont

AUF EINEN BLICK

Ja/Nein	Yes [jäs]/No [nəu]
Vielleicht	Perhaps [pə'häps]/Maybe ['mäibih]
Bitte/Danke	Please [plihs]/Thank you ['θänkju]
Gern geschehen.	You're welcome. [joh 'wälkəm]
Entschuldigung!	Excuse me! [ikskjus mi]
Wie bitte?	Pardon? ['pahdn]
Ich verstehe Sie/dich nicht.	I don't understand. [ai dəunt andə'ständ]
Können Sie mir bitte helfen?	Can you help me, please? ['kən ju 'hälp mi plihs]
Guten Tag!	Good morning! [gud 'mohning]/ evening! ['ihwning] (je nach Tageszeit)
Hallo! Grüß dich!	Hello! [hə'ləu]
Hallo, wie geht's?	Hi! How are you? [hai! hau ar ju?]
Wie ist Ihr/dein Name?	What's your name? [wots joh 'näim]
Mein Name ist …	My name is … [mai näim is]
Ich komme aus …	I'm from … [aim frəm]
… Deutschland.	… Germany. ['dschöhməni]
… Österreich.	… Austria. ['ohstriə]
… der Schweiz.	… Switzerland. ['switsələnd]
Auf Wiedersehen!	Goodbye! [,gud'bai]/Bye-bye! [,bai'bai]
Tschüss!	See you! [sih ju]/Bye! [bai]
Schönen Tag noch.	Have a nice day. ['həw a naiß däi]
Hilfe!	Help! [hälp]
Rufen Sie bitte …	Please call … ['plihs 'kohl]

… einen Krankenwagen.	… an ambulance. [ən 'ämbjuləns]
… die Polizei.	… the police. [θə pə'lihs]

UNTERWEGS

Bitte, wo ist …	Excuse me, where's … [iks'kjuhs 'mih 'weəs]
… der Bahnhof?	… the train station? [θə träin 'stäischn]
… der Flughafen?	… the airport? [θə 'eəpoht]
… die (Bus-)Haltestelle?	… the (bus)stop? [θə (bas)stəp]
… der Taxistand?	… the taxi rank? [θə 'täksiränk]
… die Autovermietung?	… the car rental station? [θə 'kahrentl stäischn]
Bus/Fähre/Zug	bus [bas]/ferry ['färi]/train [träin]
Wo kann ich einen Fahrschein kaufen?	Where can I buy a ticket? ['weə kan‿ai bai‿ə 'tikit]
Können Sie mir bitte sagen, wie ich nach … komme?	Could you tell me how to get to …, please? ['kud‿ju 'täl me hau tə gät tə ... plihs]
Gehen Sie geradeaus.	Go straight on. [gəu sträit 'on]
Gehen Sie nach links/rechts.	Turn left/right. [töhn 'läft/'rait]
Erste/Zweite Straße links/rechts.	The first/second street on the left/right. [θə 'föhst/'säknd striht on θə 'läft/'rait]
nah/weit	near [niə]/far [fah]
Überqueren Sie …	Cross … ['kros]
… die Brücke.	… the bridge. [θə 'bridsch]
… den Platz.	… the square. [θə 'skweə]
… die Straße.	… the street. [θə 'striht]
Ich möchte … mieten.	I'd like to rent … [aid' laik tə rent]
… ein Auto …	… a car. [ə 'kah]
… ein Fahrrad/ein Boot …	… a bike. [ə 'baik]/… a boat. [ə 'bəut]
offen/geschlossen	open ['əupn]/closed [kləusd]
drücken/ziehen	push [pusch]/pull [pull]
Eingang/Ausgang	entrance ['äntrəns]/exit ['ägsit]
Wo sind bitte die Toiletten?	Where are the restrooms, please? ['weərə θə 'restrums plihs]
Damen/Herren	Ladies ['läidies]/Gentlemen ['dschäntlmən]

SEHENSWERTES

Wann ist das Museum geöffnet?	When is the museum open? ['wän is θə mju'siəm 'əupn]
Wann beginnt die Führung?	When does the tour start? ['wän das θə 'tuə 'staht]
Altstadt	the old town [θi‿'əuld 'taun]
Ausstellung	exhibition/show [,äksi'bischn/schou]
Gottesdienst	service ['söhwis]
Kirche	church [tschöhtsch]

Rathaus	city/town hall ['siti/'taun 'hohl]
Stadtplan	map of town ['mäp‿əw 'taun]
Stadtzentrum	town centre ['taun 'säntə]/ downtown [dauntaun]

DATUMS- & ZEITANGABEN

Montag	Monday ['mandäi]
Dienstag	Tuesday ['tjuhsdäi]
Mittwoch	Wednesday ['wänsdäi]
Donnerstag	Thursday ['θöhsdäi]
Freitag	Friday ['fraidäi]
Samstag	Saturday ['sätədäi]
Sonntag	Sunday ['sandäi]
heute/morgen	today [tə'däi]/tomorrow [tə'morəu]
täglich	every day ['äwri 'däi]/daily ['däili]
Wie viel Uhr ist es?	What time is it? [wot 'taim‿is‿it]
Es ist 3 Uhr.	It's three o'clock. [its 'θrih‿ə'klok]
Es ist halb 3.	It's half past two. [its 'hahf pahst tuh]
Es ist Viertel vor 3.	It's quarter to three. [its 'kwohtə tə 'θrih]
Es ist Viertel nach 3.	It's quarter past three. [its 'kwohtə pahst 'θrih]

ESSEN & TRINKEN

Die Speisekarte, bitte.	May I have the menu, please. ['mäi ai häw θə 'mänjuh plihs]
Ich nehme ...	I'll have ... [ail häw]
Bitte ein Glas ...	A glass of ..., please [ə 'glahs‿əw ... plihs]
Besteck	cutlery ['katləri]
Messer/Gabel/Löffel	knife [naif]/fork ['fohk]/spoon ['spuhn]
Vorspeise	hors d'œuvre [oh'döhwr]/starter ['stahtə]
Hauptgericht	main course ['mäin 'kohs]
Nachspeise	dessert [di'söht]
Salz/Pfeffer	salt [sohlt]/pepper ['päpə]
scharf	hot [hot]/spicy [spaisi]
Ich bin Vegetarier/in.	I'm a vegetarian. [aim a ,wädschi'teəriən]
Trinkgeld	tip [tip]
Die Rechnung, bitte.	May I have the bill, please? ['mäi ai häw θə 'bill plihs]

EINKAUFEN

Wo finde ich ...	Where can I find ... ['weə 'kən‿ai 'faind]
... eine Apotheke?	... a pharmacy? [ə 'famaßi]
... eine Bäckerei?	... a bakery? [ə bäikəri]
... ein Kaufhaus?	... a department store? [ə di'pahtmənt stoh]
... einen Markt?	... a market? [ə 'mahkit]

Haben Sie …?	Do you have …? [dju 'həw]
Ich möchte …	I'd like … [aid 'laik]
Ein Stück hiervon, bitte.	A piece of this, please. [ə pihs əw θis plihs]
Eine Einkaufstüte, bitte.	A bag, please. [ə bäg plihs]
Das gefällt mir (nicht).	I (don't) like it. [ai (dəunt) laik‿it]
Wie viel kostet es?	How much is it? ['hau 'matsch is it]
Nehmen Sie Kreditkarten?	Do you take credit cards? [du‿ju täik 'kräditkahds]

ÜBERNACHTEN

Ich habe bei Ihnen ein Zimmer reserviert.	I've reserved a room. [aiw ri'söhwd‿ə 'ruhm]
Haben Sie noch Zimmer frei?	Do you have any vacancies? [dju 'həw äni 'wäikənsis]
ein Einzelzimmer	a single room [ə 'singl ruhm]
ein Doppelzimmer	a double room [ə 'dabl ruhm]
mit Dusche/Bad	with a shower/bath [wiθ ə 'schauə/'bahθ]
Was kostet das Zimmer?	How much is the room? ['hau 'matsch is θə ruhm]
Frühstück	breakfast ['bräkfəst]
Vollpension	American Plan ['amerikan plän]

PRAKTISCHE INFORMATIONEN

Können Sie mir einen Arzt empfehlen?	Can you recommend a doctor? [kən ju ˌräkə'mänd ə 'doktə]
Ich habe hier Schmerzen.	I've got pain here. [aiw got päin 'hiə]
Ich habe Durchfall.	I've got diarrhoea. [aiw got daiə'riə]
Kinderarzt/Zahnarzt	pediatrician [ˌpihdiə'trischn]/dentist ['däntist]
Wo ist bitte …	Where's … , please? ['weəs ... plihs]
… die nächste Bank?	… the nearest bank … [θə 'niərist 'bänk]
… der nächste Geldautomat?	… the nearest banking machine … [θə 'niərist 'bänking maschiin]

ZAHLEN

1	one [wan]	11	eleven [i'läwn]
2	two [tuh]	12	twelve [twälw]
3	three [θrih]	20	twenty ['twänti]
4	four [foh]	50	fifty ['fifti]
5	five [faiw]	100	a (one) hundred [ə ('wan) 'handrəd]
6	six [siks]	200	two hundred ['tuh 'handrəd]
7	seven ['säwn]	500	five hundred ['faiw 'handrəd]
8	eight [äit]	1000	a (one) thousand [ə ('wan) 'θausənd]
9	nine [nain]	1/2	a half [ə 'hahf]
10	ten [tän]	1/4	a (one) quarter [ə ('wan) 'kwohtə]

Tu parles français?

»Sprichst du Französisch?«
Dieser Sprachführer hilft Ihnen, die wichtigsten Wörter und Sätze auf Französisch zu sagen

Zur Erleichterung der Aussprache sind alle französischen Wörter mit einer einfachen Aussprache (in eckigen Klammern) versehen.

AUF EINEN BLICK

Ja/Nein	Oui [ui]/Non [nong]
Vielleicht	Peut-être [pöhtätr]
Bitte	S'il vous plaît [sil wu plä]
Danke	Merci [märsi]
Gern geschehen.	De rien. [dö rjäng]
Entschuldigen Sie!	Excusez-moi! [äksküseh mua]
Wie bitte?	Comment? [kommang]
Ich verstehe Sie/dich nicht.	Je ne comprends pas. [schön kongprang pa]
Ich spreche nur wenig Französisch.	Je parle un tout petit peu français. [schparl äng tu pti pöh frangsä]
Können Sie mir bitte helfen?	Vous pouvez m'aider, s.v.p.? [wu puweh mehdeh sil wu plä]
Guten Morgen/Tag!	Bonjour! [bongschur]
Guten Abend!	Bonsoir! [bongsuar]
Hallo!/Grüß dich!	Salut! [salü]
Wie ist Ihr Name, bitte?	Comment vous appelez-vous? [kommang wus‿apleh wu]
Wie heißt du?	Comment tu t'appelles? [kommang tü tapäl]
Mein Name ist ...	Je m'appelle ... [schö mapäl]
Ich komme aus ...	Je suis de ... [schö süi dö]
... Deutschland.	... l'Allemagne. [lalmanj]/
... Österreich.	... l'Autriche. [lohtrisch]
... der Schweiz.	... la Suisse. [la süis]
Auf Wiedersehen!	Au revoir! [oh röwuar]
Tschüss!	Salut! [salü]
Hilfe!	Au secours! [oh skur]
Rufen Sie bitte schnell ...	Appelez vite ... [apleh wit]
... einen Krankenwagen.	... une ambulance. [ün‿angbülangs]
... die Polizei.	... la police. [la polis]

UNTERWEGS

Bitte, wo ist ...?	Pardon, où se trouve ..., s.v.p.? [pardong, us truw ... sil wu plä]
... der Bahnhof?	... la gare ... [la gar]
... der Flughafen?	... l'aéroport ... [laehropor]
... die Haltestelle?	... l'arrêt ... [larä]/ ... la station ... [la stasjong]
... der Taxistand?	... la place de voitures ... [la plas dö woitür]
Bus/Fähre/Zug	le bus [lö büs]/le bac [lö bak]/le train [lö träng]
Entschuldigung, wie komme ich nach ...?	Pour aller à ..., s.v.p.? [pur‿aleh a sil wu plä]
Immer geradeaus bis ...	Vous allez tout droit jusqu'à ... [wus‿aleh tu drua schüska]
Dann links/rechts abbiegen.	Ensuite, vous tournez à gauche/à droite. [angsüit wu turneh a gosch/adruat]
nah/weit	près [prä]/loin [luäng]
Überqueren Sie ...	Vous traversez ... [wu trawärseh]
... die Brücke.	... le pont. [lö pong]
... den Platz.	... la place. [la plas]
... die Straße.	... la rue. [la rü]
Ich möchte ... mieten.	Je voudrais louer ... [schwudrä lueh]
... ein Auto ...	... une voiture. [ün wuatür]
... ein Fahrrad ...	... un vélo. [äng wehloh]
... ein Boot ...	... un bateau. [äng batoh]
offen/geschlossen	ouvert,e [uwär, uwärt]/fermé,e [färmeh]
drücken/ziehen	presser [presseh]/tirer [tireh]
Eingang/Ausgang	l'entrée [l'angtreh]/la sortie [la sorti]
Wo sind bitte die Toiletten?	Où sont les W.-C., s.v.p.? [u song leh wehseh sil wu plä]
Damen/Herren	dames [damm]/messieurs [messjöh]

SEHENSWERTES

Wann ist das Museum geöffnet?	A quelle heure ouvre le musée? [a käl‿ör uwrö lö müseh]
Wann beginnt die Führung?	La visite guidée est à quelle heure? [la wisit gideh ät‿a käl‿ör]
Altstadt	la vieille ville [la wjäj wil]
Ausstellung	l'exposition [läkspohsisjong]
Gottesdienst	l'office [lofis]
Kirche	l'église [lehglis]
Rathaus	la mairie [la märi]/ l'hôtel de ville [lotäl dö wil] (Großstadt)
Schloss	le château [lö schatoh]
Stadtplan	le plan (de la ville) [lö plang (dö la wil)]
Stadtzentrum	le centre de la ville [santre dö la wil]

Datums- & Zeitangaben

Montag	lundi [längdi]
Dienstag	mardi [mardi]
Mittwoch	mercredi [märkrödi]
Donnerstag	jeudi [schödi]
Freitag	vendredi [wangdrödi]
Samstag	samedi [samdi]
Sonntag	dimanche [dimangsch]
heute/morgen	aujourd'hui [oschurdüi]/demain [dömäng]
täglich	par jour [par schur]
Wie viel Uhr ist es?	Quelle heure est-il? [käl‿ör ät‿il]
Es ist 3 Uhr.	Il est trois heures. [il‿ät truas‿ör]
Es ist halb 3.	Il est deux heures et demie. [il‿ät dohs‿ör eh dmi]
Es ist Viertel vor 3.	Il est trois heures moins le quart. [il‿ät truas‿ör muängl kar]
Es ist Viertel nach 3.	Il est trois heures et quart. [il‿ät truas‿ör eh kar]

Essen & Trinken

Die Speisekarte, bitte.	La carte, s.v.p. [la kart sil wu plä]
Ich nehme …	Je prendrai … [schö prangdrä]
Bitte ein Glas …	Un verre de …, s.v.p. [äng wär dö … sil wu plä]
Besteck	les couverts [leh kuwär]
Messer/Gabel/Löffel	le couteau [lä kutoh]/la fourchette [la furschät]/la cuillère [la kuijär]
Vorspeise	le hors-d'œuvre [lö ordöwr]
Hauptgericht	le plat de résistance [lö plad rehsistangs]
Nachspeise	le dessert [lö dehsär]
Salz/Pfeffer	le sel [lö säl]/le poivre [lö puawr]
scharf	fort,e [for, fort]
Ich bin Vegetarier/in.	Je suis végétarien. [schö süi weschetariang]
Trinkgeld	le pourboire [lö purbuar]
Die Rechnung, bitte.	L'addition, s.v.p. [ladisjong sil wu plä]

Einkaufen

Wo kann ich … kaufen?	Où est-ce qu'on peut acheter …? [u äs kong pöht aschteh]
Apotheke	la pharmacie [la farmasi]
Bäckerei	la boulangerie [la bulangschri]
Kaufhaus	le grand magasin [lö grang magasäng]
Lebensmittelgeschäft	l'épicerie [lehpisri]
Markt	le marché [lö marscheh]

Haben Sie …?	Vous avez …? [wus‿aweh]
Ich möchte …	J'aimerais … [schämrä]
Eine Einkaufstüte, bitte.	Un sac, s.v.p. [äng sak sil wu plä]
Das gefällt mir nicht.	Ça ne me plaît pas. [san mö plä pa]
Wie viel kostet es?	Combien ça coûte? [kongbjäng sa kut]
Nehmen Sie Kreditkarten?	Vous prenez les cartes de crédit? [wu pröneh leh kart dö krehdi]

ÜBERNACHTEN

Ich habe bei Ihnen ein Zimmer reserviert.	J'ai réservé une chambre chez vous. [schö rehsärweh ün schangbrö scheh wu]
Haben Sie noch …	Est-ce que vous avez encore … [äs‿kö wus‿aweh angkor]
… ein Einzelzimmer?	… une chambre pour une personne? [ün schangbr pur ün pärsonn]
… ein Zweibettzimmer?	… une chambre pour deux personnes? [ün schangbr pur döh pärsonn]
mit Bad	avec salle de bains [awäk sal dö bäng]
Was kostet das Zimmer mit Frühstück?	Quel est le prix de la chambre, petit déjeuner compris? [käl‿ä lö prid la schangbr pti dehschöneh kongpri]

PRAKTISCHE INFORMATIONEN

Können Sie mir einen Arzt empfehlen?	Vous pourriez recommander un médecin, s.v.p.? [wu purjeh rökommang deh äng bong mehdsäng sil wu plä]
Ich habe hier Schmerzen.	J'ai mal ici. [scheh mal isi]
Eine Briefmarke, bitte.	Un timbre, s.v.p. [äng tambre sil wu plä]
Postkarte	la carte postale [la kart postal]
Wo ist hier bitte eine Bank?	Pardon, je cherche une banque. [pardong schö schärsch ün bangk]
Geldautomat	la billetterie [la bijätri]

ZAHLEN

1	un, une [äng, ühn]	11	onze [ongs]
2	deux [döh]	12	douze [dus]
3	trois [trua]	20	vingt [wäng]
4	quatre [katr]	50	cinquante [sängkangt]
5	cinq [sängk]	100	cent [sang]
6	six [sis]	200	deux cents [döh sang]
7	sept [sät]	500	cinque cents [sängk sang]
8	huit [üit]	1000	mille [mil]
9	neuf [nöf]	1/2	un demi [äng dmi]
10	dix [dis]	1/4	un quart [äng kar]

Reiseatlas Kanada Ost

Die Seiteneinteilung für den Reiseatlas finden Sie auf dem hinteren Umschlag dieses Reiseführers

Kartenlegende Reiseatlas

Autobahn, mehrspurige Straße - in Bau Highway, multilane divided road - under construction		Autoroute, route à plusieurs voies - en construction Autopista, carretera de más carriles - en construcción
Gebührenpflichtige Straße - in Bau Toll road - under construction		Route à péage - en construction Carretera de peaje - en construcción
Fernverkehrsstraße - in Bau Trunk road - under construction		Route à grande circulation - en construction Ruta de larga distancia - en construcción
Hauptstraße Principal highway		Route principale Carretera principal
Nebenstraße Secondary road		Route secondaire Carretera secundaria
Fahrweg, Piste Practicable road, track		Chemin carrossable, piste Camino vecinal, pista
Straßennummerierung Road numbering	1 48 1 26 26	Numérotage des routes Numeración de carreteras
Entfernungen in mi. (USA), in km (CDN) Distances in mi. (USA), in km (CDN)	259 130 129	Distances en mi. (USA), en km (CDN) Distancias en mi. (USA), en km (CDN)
Höhe in Meter - Pass Height in meters - Pass	1365	Altitude en mètres - Col Altura en metros - Puerto de montaña
Eisenbahn - Eisenbahnfähre Railway - Railway ferry		Chemin-de-fer - Ferry-boat Ferrocarril - Línea marítima
Autofähre - Schifffahrtslinie Car ferry - Shipping route		Bac autos - Ligne maritime Transportador de automóviles - Ferrocarriles
Wichtiger internationaler Flughafen - Flughafen Major international airport - Airport		Aéroport importante international - Aéroport Aeropuerto importante internacional - Aeropuerto
Internationale Grenze - Provinzgrenze International boundary - Province boundary		Frontièr nationale - Limite ou de província Frontera nacional - Frontera provincial
Unbestimmte Grenze Undefined boundary		Frontièr d'Etat non définie Frontera indeterminada
Zeitzonengrenze Time zone boundary	4h Greenwich Time -3h Greenwich Time	Limite de fuseau horaire Límite del huso horario
Hauptstadt eines souveränen Staates National capital	OTTAWA	Capitale nationale Capital de un estado soberano
Hauptstadt eines Bundesstaates Federal capital	TORONTO	Capitale d'un état fédéral Capital de estado
Sperrgebiet Restricted area		Zone interdite Zona prohibida
Indianerreservat - Nationalpark Indian reservation - National park		Réserve d'indiens - Parc national Reserva de indios - Parque nacional
Antikes Baudenkmal Ancient monument		Monuments antiques Yacimiento arqueológico
Sehenswertes Kulturdenkmal Interesting cultural monument	Fort Kent	Monument culturel intéressant Monumento cultural de interés
Sehenswertes Naturdenkmal Interesting natural monument	Niagara Falls	Monument naturel intéressant Monumento natural de interés
Brunnen Well		Puits Pozo
Ausflüge & Touren Excursions & tours		Excursions & tours Excursiones & rutas

A
B
C
1
2
3
4
5
6
Pipestone R.
Pinemuta R.
Dumond R.
Pineimuta R.
Mameigwess L.
Kabania
Attawapiskat
Lansdowne House
248
Attawapiskat R.
Missisa L.
Streatfield L.
Kapiskau R.
Ozhiski
Otoskwin R.
Keezhik
Machawaian L.
Fort Hope Ind. Res.
Opikeigen L.
Central Patricia
Miminiska L.
Fort Hope
Eabamet L.
Wabassi R.
Ind. Res.
Ogoki
Attikameg R.
Ind. Res.
Shabaskwia
Petawanga L.
268
Washi L.
Albany R.
Ogoki R.
Wabimeig L.
Albany R.
Peninsular
Makokibatan
Dusey R.
Quartz L.
Whiteclay L.
Whitewater L.
Wabakimi
Wabakimi L.
Ogoki R.
Ogoki Res.
Kagianagami
Ogoki
Little Current Riv.
Savant
360
338
Prov. P.
324
Melchett L.
Ara L.
Meta L.
O'Sullivan L.
370
160
Collins
358
Armstrong
Ferland
Esnagami
236
Green
Sesseganaga
Tashota
Nakina
530
Wabinosh
Obonga
Geikie I.
North Pen.
Auden
Aroland
Onaman L.
Upper Twin L.
Kenogami R.
Flintdale
Pagwa River
Lake Nipigon
Murchison
Chipman L.
Longlac
Bertr
Ontario
Shakespeare I.
261
527
Geralton
48
Ind. Res. Long Lake
134
11
697
64
McIntyre Bay
79
Beardmore
Caramat
Macdiarmid
312
McKay L.
Nagagami L.
Pakashkan L.
Pine Portage
80
Long L.
Hillsport
427
Hornepay
Manitouwadge
Nipigon
69
Dog L.
Lake
17
11
72
Nipigon B.
Rossport
113
367
17
631
Quimet
Dorion
402
Simpson Is.
Schreiber
Hemlo
327
White Lake
320
122
Finmark
420
Black Bay
St. Ignace I.
Marathon
52
Conmee
64
50
Kakabeka Falls
THUNDER BAY
Sleeping Giant Prov. P.
200
Slate Is.
40
White R.
White River
Esnagi L.
Franz
Ft. William Hist. P.
Silver Islet
Pie Is.
Pukaskwa Nat. Park
Tip Top Mtn.
646
Trans-Canada HWY
93
Dog L.
66
Blake Pt.
150
Hawk Junction
Grand Portage
Isle Royale National Park
425
Isle Royale
Wawa
68
Gd. Portage Nat. Mon.
35
Marais
287
Michipicoten Bay
Perry
Michipicoten I.
C. Gargantua
222
Lake Superior Prov. P.
Lake Superior
89
Copper Harbor
Mohawk
472
Keweenaw Pen.
Houghton
48
Laurium
Frater
Agawa Bay
5
United States
41
43
Keweenaw Bay
335
Coppermine Pt.
Mashko
133
640
Ontonagon
Winona
12
L'Anse
603
Batchawana Bay
Greenland
53
L'Anse Ind. Res.
Whitefish Pt.
Tahquamenon Falls S. P.
Whitefish Bay
17
34
Bruce Crossing
Marquette
Pictured Rocks Nat. Lakeshore
Grand Marais
Sault Ste. Marie
Gogebic
Covington
Negaunee
45
141
59
Ishpeming
Deerton
Sault Ste. Marie
56
Watersmeet
35
Escanaba R.
52
Seney
Newberry
Eckermann
Conover
2
295
Iron River
268
41
Shingleton
Trenary
Dafter
28
Flambeau Ind. Res.
28
44
Ford R.
Upper Peninsula
Manistique
142
39
Trout Lake
49
43
Bay Mills Res.
Nelma
Crystal Fs.
Arnold
48
75
Eagle River
Florence
Rapid River
Engadine
2
51
32
38
Gulliver
Iron Mountain
Hannahville Ind. Res.
Manistique
St. Ignace
Mackinac Bridge
Ft. Mackinac
27
29
23
21
15
Garden Pen.
Mormon Print Shop
30
Argonne
Pembine
Escanaba
Rhinelander
25
Monico
Laona
42
Menominee R.
Powers
Fairport
Pt. Detour
St. James
Mackinaw City
Cheb
Mole Lake Ind. Res.
55
Beaver Is.
37
42
116
Pellston
26
29
296
Wolf R.
Fox Is.
33
Merrill
Langlade
Wausaukee
Charlevoix
15
Sleeping Bear
Petoskey

D
E
F
1
2
3
4
5
6
Duncan
Old Factory B.
Hudson Bay
Kashechewan
Albany I.
Ind. Res.
Fort Albany
Ft. Albany
Attikameg R.
Big Willow R.
Albany R.
Nomansland Pt.
Charlton Island
Eastmain
Rère Opinaca
50 miles
50 km
Halfway Pt.
Be. Boatswain
Pte. Snape
Mt. Sherrick
Pte. Swayan
Rupert B.
Waskaganish (Fort Rupert)
Rère Broadback
East Pt.
Hannah B.
Rère Missisicabi
Rère Nottaway
Rère Kitchigama
Stooping R.
Butler C.
Moosonee
Moose R.
Partridge R.
Ind. Res.
Awagakama R.
Jaab L.
Sandbank L.
Cheepash R.
Pledger L.
Moose River
Abitibi R.
Clay Belt
Kesagami R.
Rère Obamska
Rère Harricana
Kesagami L.
Kesagami L. Prov. P.
Lac Lucie
Ranoke
North French R.
Yesterday R.
Mattagami R.
Otter Rapids
Little Abitibi R.
Missinaibi R.
Smoky Falls
Québec
Lac Grasset
Lac Matagami
Matagami
Rère Mistawak
Fraserdale
Pivabiska L.
Hearst
Island Falls
Burntbush R.
Joutel
Mattice
Opasatika
Harty
René Brunelle Prov. P.
Pierre L.
Little Abitibi L.
Kapuskasing
Gardiner
Val-Paradis
Opasatika L.
Smooth Rock Fs.
Normétal
Brunswick
Cochrane
Norembega
La Sarre
La Reine
Lake Abitibi
Taschereau
Porquis Junction
Iroquois Falls
Matheson
Duparquet
Poularies
Ste-Gertrude
Aiguebelle Prov. P.
Peterbell
Timmins
Flying Post Ind. Res.
South Porcupine
Night Hawk L.
Rouyn-Noranda
Kirkland Lake
Missinaibi River Prov. P.
Foleyet
Arntfield
Rivière-Héva
Larder Lake
Kapiskong L.
Rère des Outaouais
Kathleen Lake
Horwood Lake
Matachewan
Englehart
Elk Lake
Stackpool
Chapleau
Mountbatten Ind. Res.
Gogama
Notre-Dame-du-Nord
Lac Simard
Sultan
Lac Témiscamingue
New Liskeard
Belleterre
Ramsey
Lady Evelyn Smoothwater Prov. P.
Latchford
Ville-Marie
Ft. Témiscamingue N.H.P.
Temagami
Laniel
Lac Kipawa
Rocky Island L.
Metagama
Lake Temagami
Wanapitei
Ottawa R.
Onaping
Marten River
Thorne
Témiscamingue
Valley East
Skead
Tomiko
Cartier
Sudbury
Beauchêne
Chelmsford
Verner
North Bay
Mattawa
Whitefish
Wahnapitae
Elliot Lake
Sturgeon Fs.
Lake Nipissing
Callander
Whitefish Lake Ind. Res.
Massey
Espanola
Dokis Ind. Res.
Kiosk
Thessalon
Blind River
Alban
Trout Creek
Algonquin Prov. Park
North Channel
Spanish R. Ind. Res.
Killarney Prov. P.
Drummond
Meldrum Bay
Little Current
Killarney
Henvey Inlet Ind. Res.
Port Loring
Cockburn Is.
Evansville
Ahmic Harbour
Algonquin Park
Manitoulin Is.
Wikwemikong Ind. Res.
Georgian Bay
Burk's Falls
Great Duck Is.
Providence Bay
Fitzwilliam Is.
Pointe au Baril Stat.
Sprucedale
Lake Huron
Sth. Baymouth
Main Channel
Parry Sd.
Huntsville
Dwight
Rogers City

120

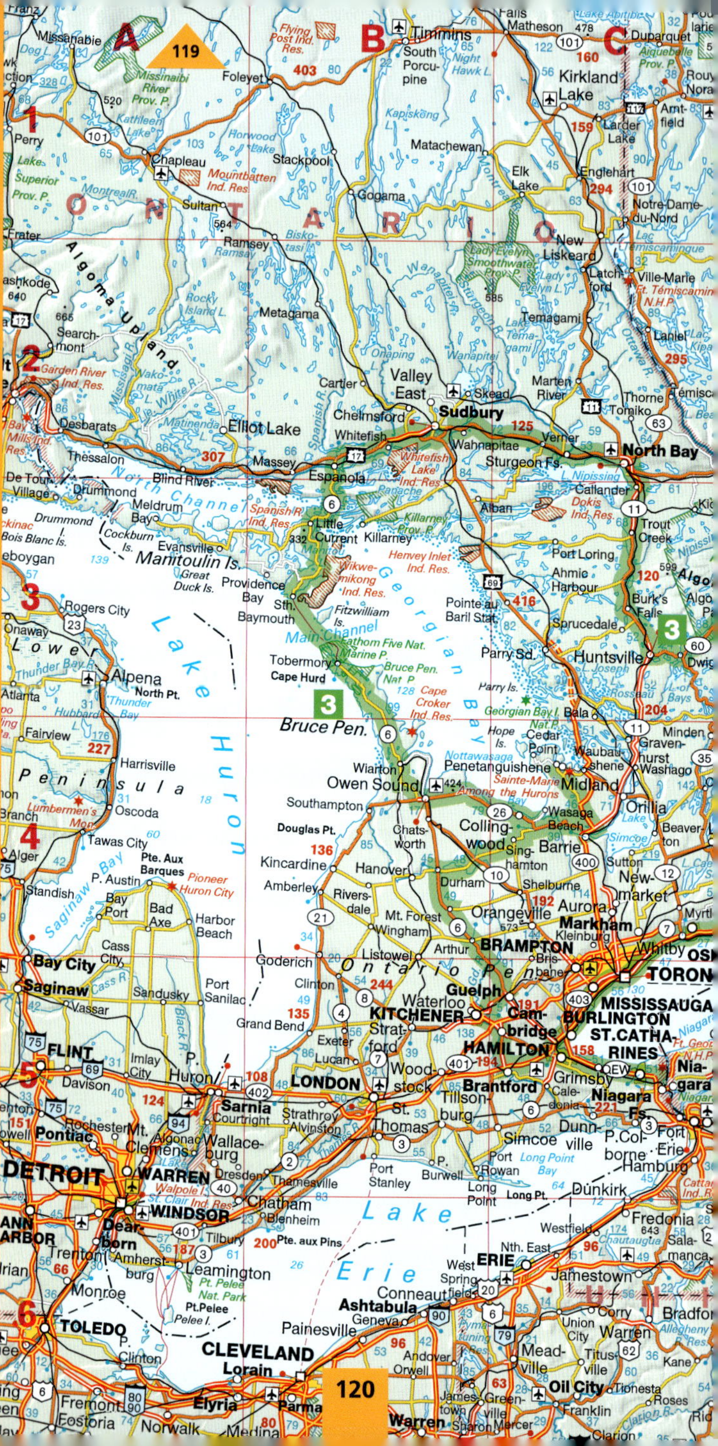
A
B
C
1
2
3
4
5
6
O N T A R I O
Missanabie
Missinaibi River Prov. P.
Flying Post Ind. Res.
Timmins
South Porcupine
Night Hawk L.
Matheson
Duparquet
Aiguebelle Prov. P.
Rouyn-Noranda
Kirkland Lake
Larder Lake
Amtfield
Foleyet
Kapiskong L.
Perry
Kathleen Lake
Horwood Lake
Chapleau
Stackpool
Matachewan
Elk Lake
Englehart
Lake Superior Prov. P.
Mountbatten Ind. Res.
Gogama
Notre-Dame-du-Nord
Sultan
Montreal R.
Frater
Ramsey
Biskotasi L.
New Liskeard
Lady Evelyn Smoothwater Prov. P.
Latchford
Ville-Marie
Ft. Témiscamingue N.H.P.
Algoma Upland
Rocky Island L.
Metagama
Wanapitei R.
Temagami
Lake Temagami
Searchmont
Onaping
Laniel
Garden River Ind. Res.
Wakomata L.
Cartier
Valley East
Skead
Marten River
Thorne
Tomiko
Desbarats
Elliot Lake
Chelmsford
Sudbury
Whitefish
Wahnapitae
Verner
North Bay
Thessalon
Massey
Espanola
Whitefish Lake Ind. Res.
Sturgeon Fs.
L. Nipissing
Callander
Dokis Ind. Res.
De Tour Village
Drummond
Blind River
North Channel
Meldrum Bay
Spanish R. Ind. Res.
Little Current
Killarney
Killarney Prov. P.
Alban
Trout Creek
Drummond I.
Cockburn Is.
Evansville
Manitoulin Is.
Henvey Inlet Ind. Res.
Port Loring
Cheboygan
Great Duck Is.
Providence Bay
Wikwemikong Ind. Res.
Ahmic Harbour
Burk's Falls
Sth. Baymouth
Fitzwilliam Is.
Georgian Bay
Pointe au Baril Stat.
Rogers City
Main Channel
Sprucedale
Lower Peninsula
Lake Huron
Fathom Five Nat. Marine P.
Parry Sd.
Huntsville
Thunder Bay
Alpena
North Pt.
Tobermory
Cape Hurd
Bruce Pen. Nat. P.
Parry Is.
Georgian Bay I. Nat. P.
Bala
Atlanta
Cape Croker Ind. Res.
Hubbard L.
Bruce Pen.
Hope Is.
Cedar Point
Minden
Fairview
Gravenhurst
Harrisville
Wiarton
Penetanguishene
Waubaushene
Washago
Owen Sound
Nottawasaga Bay
Sainte-Marie Among the Hurons
Midland
Orillia
Lumbermen's Mon.
Oscoda
Southampton
Wasaga Beach
Tawas City
Douglas Pt.
Chatsworth
Collingwood
Barrie
Beaverton
Alger
Pte. Aux Barques
Kincardine
Hanover
Singhamton
Sutton
Standish
P. Austin
Pioneer Huron City
Durham
Shelburne
Newmarket
Saginaw Bay
Bay Port
Amberley
Riversdale
Orangeville
Aurora
Markham
Bad Axe
Harbor Beach
Mt. Forest
Wingham
Kleinburg
Whitby
Cass City
Listowel
Arthur
Brampton
Bay City
Goderich
Ontario Pen.
Toronto
Saginaw
Sandusky
Port Sanilac
Clinton
Waterloo
Guelph
Mississauga
Vassar
Kitchener
Cambridge
Burlington
St. Catharines
Grand Bend
Stratford
Exeter
Hamilton
Flint
Imlay City
P. Huron
Lucan
Woodstock
Grimsby
Niagara
Davison
Sarnia
London
Brantford
Caledonia
Niagara Fs.
Courtright
Strathroy
Alvinston
St. Thomas
Tillsonburg
Dunnville
Pontiac
Mt. Clemens
Wallaceburg
Simcoe
P. Colborne
Fort Erie
Detroit
Warren
Dresden
Thamesville
Port Stanley
P. Burwell
Port Rowan
Long Point Bay
Hamburg
Walpole I.
St. Clair
Chatham
Long Point
Long Pt.
Dunkirk
Windsor
Blenheim
Lake Erie
Fredonia
Ann Arbor
Dearborn
Tilbury
Pte. aux Pins
Westfield
Chautauqua L.
Salamanca
Trenton
Amherstburg
Leamington
Nth. East
Erie
Jamestown
Pt. Pelee Nat. Park
Pt. Pelee
Pelee I.
West Springfield
Monroe
Conneaut
Ashtabula
Corry
Bradford
Toledo
Geneva
Union City
Warren
Allegheny Res.
Painesville
P. Clinton
Cleveland
Andover
Meadville
Titusville
Kane
Lorain
Orwell
Oil City
Tionesta
Fremont
Fostoria
Elyria
Parma
Jamestown
Greenville
Franklin
Roses
Norwalk
Medina
Warren
Sharon
Mercer
Clarion
119

D
E
F
1
2
3
4
5
6
50 miles
50 km
Q U É B E C
La Vérendrye
Provincial
Réserve
Amos
Barraute
Senneterre
Bolgor
Louvicourt
Val-d'Or
Oskélanéo
Parent
Rapide-Blanc-Station
Manouane
Ste-Anne-du-Lac
Mont Laurier
Grand-Remous
Maniwaki
Gracefield
Mt. Tremblant
St. Jovite
Labelle
Ste Agathe-des-Monts
St-Jérôme
Joliette
Berthierville
Repentigny
Shawinigan
Gd'. Mère
Sorel
Drummond
LAVAL
LONGUEUIL
MONTRÉAL
Lachute
Hawkesbury
Châteauguay
St-Jean-sur-Richelieu
Salaberry-de-Valleyfield
Deep River
Pembroke
Petawawa
Renfrew
Arnprior
Gatineau
OTTAWA
Kanata
Buckingham
Rockland
Alexandria
Casselman
Cornwall
Massena
Malone
Plattsburgh
Kemptville
Smiths Falls
Perth
Brockville
Gananoque
Kingston
Napanee
Belleville
Trenton
Peter-Borough
Port Hope
Prince Edward Pen.
Lake Ontario
Ogdensburg
Potsdam
Canton
Gouverneur
Watertown
Adirondack Mountains
Saranac L.
Lake Placid
Mt. Marcy 1629
Ticonderoga
Lake George
Glens Fs.
Saratoga Sprs.
Schenectady
ALBANY
Troy
Pittsfield
Amsterdam
Oswego
Fulton
Pulaski
Rome
Utica
Oneida
SYRACUSE
Auburn
Geneva
Finger Lakes
Irondequoit
ROCHESTER
Brockport
Batavia
Canandaigua
Geneseo
Cortland
Ithaca
Norwich
Oneonta
Catskill Mountains
Binghamton
Owego
Elmira
Corning
Hornell
Wellsville
Olean
Carbondale
Honesdale
Kingston
Newburgh
Beacon
Danbury
Peekskill
Port Jervis
Norwalk
Williamsport
New York
States

A
B
C
1
2
3
4
5
6
Q
u
é
b
e
c
Daniel Johnson Dam
Manicouagan
Lac Maupertuis
Lac Péribonka
Chute-des-Passes
Rère. Mistassibi
Rère. Betsiamites
Rés. Outardes Quatre
Lac du Brochet
Réservoir Pipmuacan
Rère. Chamouchouane
Rère. Péribonka
Rère. aux Sables
Labrieville
Hauterive
Betsiamites Ind. Rés.
Raguene
P. Prov. de Forestville
Pointe à Michel
Colombier
Forestville
Rère. Portneuf
Saint Lawrence
Chibougamau
Bochart
Rés. Faun. Ashuapmushuan
Normandin
Dolbeau
Péribonka
St-Méthode
St-Félicien
Ste-Monique
Delisle
Lac Saint-Jean
Roberval
Alma
St-Bruno
St-Ambroise
Chicoutimi
Ste-Rose-du-Nord
Les Escoumins
Chambord
Val-Jalbert
Hébertville
Jonquière
Laterrière
La Baie
Petit-Saguenay
Oldest Christian Mission Site
Lac-Bouchette
Lizotte
Tadoussac
Luceville
Rimouski
Le Bic
Trois-Pistoles
St-Jean-de-Dieu
Lac-des-Aigles
Rés. Faun. des Laurentides
Parc des Grands Jardins
St-Siméon
Rivière-du-Loup
Whitworth
Cabano
Rapide-Blanc-Station
Lac Édouard
La Malbaie
St-André
St-Alexandre
Témiscouata
Dégelis
La Tuque
St-Urbain
Baie-St-Paul
La Pocatière
Pohénégamook
Rivière Bleue
Edmundston
Parc de la Jacques Cartier
I. aux Coudres
St-Pascal
Caron Brook
Ft. Kent
Frenchville
Fort Kent Hist. Site
St-Jean-Port-Joli
Allagash
Ste-Anne-de-Beaupré
Rivière-à-Pierre
St-Raymond
Montmagny
Î. d'Orléans
Charlesbourg
QUÉBEC
Lauzon
Lévis
St-Pamphile
Hervey-Jn.
Parc Nat. de la Mauricie
Rés. Faunique Mastigouche
Gd'. Mère
St-Tite
Donnacona
La Pérade
Shawinigan
Ste-Croix
Deschaillons
St-Philémon
Daaquam
Caribou
Ft. Fairfield
Ashland
Presque Isle
Mars Hill
Trois-Rivières (Three Rivers)
Cap-de-la-Madeleine
Villeroy
Ste-Marie
St-Malachie
Ste-Justine
Louiseville
Vallée Jn.
Berthierville
Plessisville
St-Georges
Chamberlain Lake
Joliette
Sorel
Ste-Eulalie
Thetford Mines
Black Lake
Victoriaville
Drummondville
Repentigny
Terrebonne
La Guadeloupe
Chesuncook Lake
Mt. Katahdin
Platten
Sherman Mills
Moosehead Lake
Asbestos
St-Gérard
Stornoway
Jackman
Pemadumcook L.
Millinocket
St-Hyacinthe
Richmond
Lac Mégantic
LONGUEUIL
McMasterville
East Angus
Scotstown
Mt. Mégantic
White Cape Mt.
Sherbrooke
Coburn Mt.
Mattawamkeag
Châteauguay
Granby
Cookshire
Lincoln
St-Jean-sur-Richelieu
Farnham
Magog
Woburn
Monts Notre-Dame
Boundary Mts.
Greenville
Cowansville
Coaticook
Dover-Foxcroft
Bedford
Rock Island
Stratton
Swanton
Flagstaff L.
Bingham
Newport
Colebrook
Sugarloaf Mt.
Corinth
Orono
Jefferson-ville
Oquossoc
Harmony
Newport
Bangor
Colchester
Island Pond
Blue Mtn.
Errol
Mooselookmeguntic L.
Phillips
Skowhegan
Maine
Morrisville
Lyndonville
Farmington
Pittsfield
Brewer
Essex Jn.
Mexico
Bucksport
Ellsworth
Burlington
Hardwick
Lancaster
Berlin
Livermore Falls
Waterville
Shelburne Museum
Montpelier
St. Johnsbury
White
Androscoggin
Belfast
Barre
Littleton
Mt. Washington
Bethel
South Paris
Augusta
Stickney Cor.
Woodsville
Mt. Lafayette
Glen
Auburn
Gardiner
Rockland
Stonington
Middlebury
Franconia Notch
Mountains
Lewiston
Wiscasset
Vinalhaven
Isle au Haut
Lincoln
Bridgton
Brunswick
Warren
Conway
Gray
Marine Mus.
Port Clyde
Bethel
White River Jn.
Sebago L.
Bath
Boothbay Harbor
Ossipee
Rutland
Lebanon
Winnipesaukee
Limington
Small Point
Killington Pk.
Portland
Grafton
Laconia
Saco
St. Gaudens N.H.S.
Franklin
Claremont
Springfield
Rochester
Biddeford
Rigelow
Bar Harbor
Mt. Desert
Kennebec
Connecticut R.
Allagash R.
St. John R.
Aroostock R.
Pemadumcook L.
Houlton

D
E
F
1
2
3
4
5
6
Rés. Faun. de Sept-Îles-Port Cartier
Nicman
Lac des Eudistes
Côte-Nord
Clarke City
Moisie
Sept-Îles
Rivière-aux-Graines
Rivière-St.-Jean
Longue-Pointe
Havre-St.-Pierre
Baie Johan Beetz
Pointe Parent
Rés. de P.N. de L'Archipel de Mingan
Port-Cartier
Baie des Sept-Îles
Détroit de Jacques-Cartier
Baie-Sainte-Claire
Pointe de l'Ouest
Port Menier
Île d'Anticosti
Otter
Rivière-aux-Saumons
Chicotte
Pointe de l'Est
Détroit d'Honguedo
Rivière-Pentecôte
Godbout
Ste.-Anne-des-Monts
Les Méchins
Anse-Pleureuse
Marsoui
Grande-Vallée
Cloridorme
Rivière-au-Renard
P. Nat. de Forillon
Cap-des-Rosiers
Cape Gaspé
Monts Chic-Chocs
Mt. Jacques Cartier
Murdochville
Cap Seize
Gaspé
Rés. Faun. des Chic-Chocs
Rés. Faun. de Matane
Matane
Péninsule de la Gaspésie
Barachois
Percé
Chandler
Baie de Gaspé
Amqui
Causapscal
Port-Daniel
New Richmond
Nouvelle
Bonaventure
Miguasha Park
-5h Gr. Time
-4h Gr. Time
50 miles
50 km
Gulf of Saint Lawrence
Lac Humqui
Dalhousie
Campbellton
Matapédia
Baie des Chaleurs
Chaleur Bay
Jaquet River
Maisonnette
Caraquet
Miscou I.
Miscou Centre
Shippegan I. (Île Lameque)
Shippegan
Îles de la Madelaine
Cap-aux-Meules
Havre-Aubert
Kedgwick
Saint-Quentin
Petit-Rocher
Bathurst
Nepisiguit Bay
Bertrand
Acadian Hist. Vill.
Pokemouche
Tracadie
Mt. Carleton
Allardville
Tabusintac Ind. Res.
Neguac
Mt. Carleton Prov. P.
Nictau
Wayerton
Miramichi
Miramichi Bay
Pt. Escuminac
Escuminac
North Point
Tignish
Big Hole Tract Ind. Res.
Newcastle
Chatham
Red Bank 4 Ind. Res.
Red Bank
Kouchibouguac Nat. Park
Kouchibouguac
Cascumpeque Bay
Prince Edward Island
Prince Edward I.
O'Leary
Portage
Plaster Rock
Tobique 20 Ind. Res.
Perth-Andover
Renous
Rogersville
Richibucto
Richibucto 15 Ind. Res.
West Point
Malpeque Bay
Prince Edward Island Nat. Park
St. Peters
Elmira
Souris
Egmont Bay
St. Eleanors
Kensington
Hunter River
Morell
Summerside
Charlottetown
Montague
Bristol
Kent Jn.
Doaktown
Harcourt
Buctouche
Cocagne
Northumberland Strait
Borden
Ft. Amherst N.H.P.
Hillsborough Bay
Murray Harbour
Napadogan
McGivney
Nashwaak Bridge
Shediac
Cape Tormentine
Wood Islands
New Brunswick
Woodstock
Devon 30 Ind. Res.
Chipman
Moncton
Salisbury
Sackville
Ft. Beauséjour N.H.P.
Amherst
Pugwash
Pictou I.
Tatamagouche
Pictou
Antigonish
Fredericton
Youngs Cove
Coles I.
Hopewell Cape
Woodstock 23 Ind. Res.
Sheffield
Oromocto
Sussex
Caledonia Hills
Kings Landing Hist. Settlement
Long Creek
Berwick
Springhill
Oxford
Wentworth Cen.
New Glasgow
Stellarton
Thomaston Corner
Evandale
Fundy Nat. P.
Alma
Chignecto Bay
Cobequid Mts.
Saint Croix
Camp Gagetown
Glenholme
Truro
Welsford
Hampton
Parrsboro
Minas Basin
Noel
St. Mary's
Liscomb Game Sanct.
St. Stephen
St. Martins
C. Chignecto
Newton Mills
St. George
Saint John
Grand Pré N.H.P.
Walton
Calais
Blacks Harbour
Lorneville
Windsor
Shubenacadie Ind. Res.
Upper Musquodoboit
St. Croix I. Nat. Mon.
St. Andrews
Bay of Fundy
Kentville
Ft. Edwards N.H.S.
Newport
Enfield
Sheet Harbour
Perry
Passamaquoddy Bay
Middleton
Middle Sackville
Musquodoboit Harbour
Lubec
Roosevelt Campobello Int. P.
Bridgetown
Dartmouth
Jeddore C.
Machias
North Head
Port Royal N.H.P.
Annapolis Royal
Hubbards
Chester
HALIFAX
Digby
Peggys Cove
Sambro
Gd. Manan I.
Sth. Milford
New Germany
Kejimkujik Nat. P.
Ovens Nat. P.
Mahone Bay
Lunenburg
Weymouth
Bridgewater
Nova Scotia
Long I.
Meteghan
Mill Village
Lake Rossignol
Carleton
Liverpool
Yarmouth
Shelburne
Pubnico
Clyde River
Lockeport
Barrington
Cape Sable I.
Cape Sable
Emerald Bank

A
B
C
1
2
3
4
5
6
Rère. Romaine
741
Lac Ménasc-ouagama
Rère. Aguanus
Rère. Natashquan
Lac Briconnet
Rère. du Petit Mécatina
Rère. St-Augustin
Nord-Ouest
466
St-Augustin
Î. Monger
Mutton Bay
Î. du Grand Mécatina
C. Mécatina
Î. du Petit Mécatina
Harrington Harbour
197
Rère. St-Jean
5h Gr. Time
4h Gr. Time
Q u é b e c
Lac Victor
Lac Musquaro
Lac Goyelle
C ô t e N o r d
59
Havre-St.-Pierre
Johan Beetz
Îles de Mingan
Pointe Parent
Kegaska
125
Riv. Olomane
Romaine
Cap. Whittle
St-Mary Îs.
Parso
Détroit de Jacques-Cartier
Port Menier
Île d'Anticosti
Otter
Rère. Jupiter
Rivière-aux-Saumons
Chicotte
Détroit d'Honguedo
40
Pointe de l'Est
Sally's
Norris P
Trout River
Mt. St. Gr
B. of Islands
Lark Harbour
40
Cap-des-Rosiers
Nat. de Forillon
9
814
Lewis Hills
Long Pt.
Port au Port Peninsula
Port au Port B.
Mainland
Stephenville
Petit Jardin
C. St. George
St. George's Bay
Fischell
St. George
Gulf of Saint Lawrence
397
441
Robinsons R.
Anguille Mts.
South Branch
Cape Anguille
St. Andrew's
55
Cape Ray
Channel-Port-aux-Basques
La Poile
Rose Blanche
3h30 Gr. Time
4h Gr. Time
Î. Brion
Îles de la Madelaine
Grande-Entrée
Cap-aux-Meules
Île-d'Entrée
Havre-Aubert
60
Cabot Strait
St. Paul I.
C. St. Lawrence
Cape North
Aspy Bay
South Harbour
North Point
Tignish
Prince Edward Island
Prince Edward I.
Malpeque Bay
Prince Edward Island Nat. Park
Kensington
Hunter River
St. Peters
Elmira
East Point
Beach
Souris
Morell
Charlottetown
Ft. Amherst N.H.P.
Hillsborough Bay
Montague
Murray Harbour
Flat R.
Wood Islands
C. George
Northumberland Strait
Pictou I.
Pugwash
Tatamagouche
Wentworth
Pictou
New Glasgow
Antigonish
Stellarton
Truro
Cen. Mts.
367
Newton Mills
St. Mary's R.
Liscomb Game Sanct.
Upper Musquodoboit
Shubenacadie Ind. Res.
Sheet Harbour
Moser River
Musquodoboit Harbour
Dartmouth
Jeddore C.
HALIFAX
C. Breton Highlands Nat. P.
Chéticamp
532
Ingonish Beach
Cape Breton Island
St. Ann's Bay
216
227
Margaree Forks
Sth. Gut St. Ann's
188
New Waterford
Inverness
Mabou
Baddeck
Sydney
Glace Bay
Whycocomagh Ind. Res.
Whycocomagh
A. Gr. Bell N.H.P.
Main à Dieu
Cape Breton
Bras d'Or
Big Pond
Louisbourg
Fortress of Louisbourg N.H.P.
St. Craigmore
St. George's Bay
Port Hastings
Gabarouse
Chapel Island Ind. Res.
Monastery
St. Peters
Louisdale
Arichat
Strait of Canso
Chedabucto Bay
Boylston
Melrose
Canso
Larry's River
Pt. Bickerton
C. St. Mary
Nova Scotia
Misaine Bank
256

D
E
F
1
2
3
4
5
6
50 miles
50 km
Newfoundland
and Labrador
Island of Newfoundland
Long Range Mountains
Red Bay
Cooks Harbour
Raleigh
C. Bauld
L'Anse aux Meadows N. H. P.
Blanc Sablon
Strait of Belle Isle
Eddies Cove
Griquet
St. Anthony
Savage Cove
St. Barbe
Ten Mile L.
Main Brook
Hare B.
St. Margaret B.
Brig Bay
Groais I.
Roddickton
St. John I.
Port au Choix N. H. P.
Englee
Bell I.
Canada B.
French Cove
Hawke's Bay
Harbour Deep
White Bay
Horse Is. (St. Barbe)
Fleur de Lys
Confusion Bay
C. St. John
La Scie
Jackson's Arm
Seal Cove
Notre Dame Bay
Fogo I.
Fogo
New World I.
Joe Batts Arm
Twillingate
Burlington
Westport
Rattling Brook
Green B.
Long I.
Fortune Harbour
Exploits Is.
Village Cove
Hamilton Sound
Wadham Is.
Hampden
Springdale
Robert's Arm
Leading Tickles
Sir R. Squires Mem. Prov. P.
Gros Morne
South Brook
Lewisporte
Carmanville
Gander Bay
Ten Mile Pond
C. Freels
Wesleyville
Deer Lake
Botwood
Notre Dame Junction
Indian Bay
Pasadena
Hodges Hill
Badger
Windsor
Bishop's Falls
Grand Falls
Gander
St. Brendan's
Bonavista Bay
C. Bonavista
Bonavista
Buchans
Red Indian L.
Glover I.
Millertown
Exploits R.
Gambo
Burnside
Salvage
Kings Cove
Glovertown
Terra Nova Nat. P.
Catalina
Bonavista Pen.
Middle Ridge
Deer Pond
Trinity
Port Blandford
Monroe
Random I.
Grates Pt.
Grates Cove
Britannia
Clarenville
Southport
Old Perlican
Trinity Bay
Conception Bay
Goobies
Heart's Content
Carbonear
C. St. Francis
Pouch Cove
Torbay
St. John's
Spaniard's Bay
Bell I.
Fairhaven
Long Harb.
St. Albans
Milltown
Rencontre East
Grand le Pierre
Terrenceville
English Harb. East
St. Bernard's
Merasheen
Holyrood
Bay Bulls
Lamanche Valley Prov. P.
Hills of Plateau
Grey River
Mc Callum
Gaultois
Belleoram
Hermitage Bay
Ramea
Ramea I.
François
Pass Island
Harb. Breton
English Harb. West
Fortune Bay
Petite Forte
South East Bight
Whitbourne
Argentia
Colinet
Placentia
Avalon Pen.
Wilderness Area
Ferryland
Fermeuse
St. Joseph's
Penguin I.
Brunette I.
Fortune
Burin Peninsula
Marystown
Burin
Placentia Bay
St. Bride's
Branch
Trepassey
Cape Race
C. St. Mary's
St. Mary's Bay
Saint Shott's
Trepassey Bay
Grande Miquelon
Langlade ou Petit Miquelon
St-Pierre et Miquelon (France)
-3h Gr.Time
St-Pierre
Î. de St-Pierre
Lawn Bay
Saint-Pierre Bank
Green Bank
ATLANTIC OCEAN

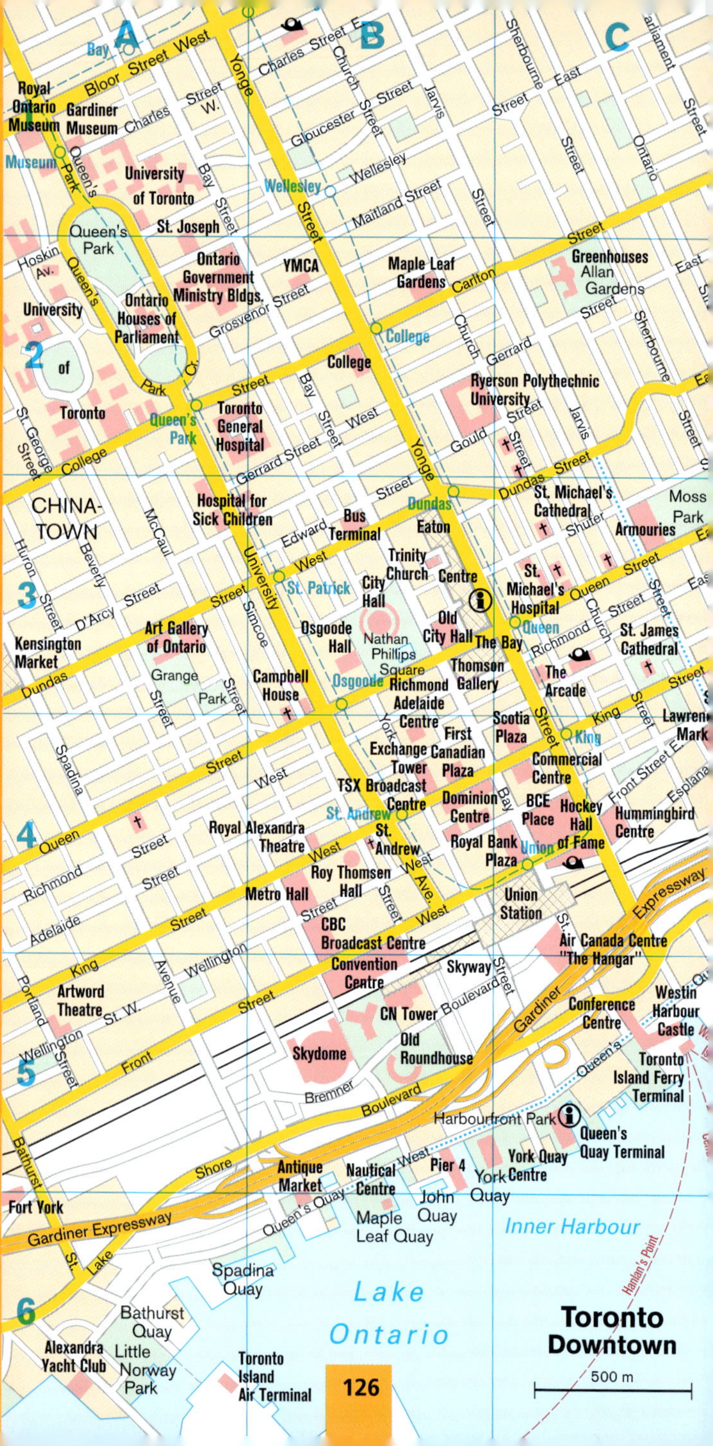
Toronto
Downtown
500 m
A
B
C
1
2
3
4
5
6
Bloor Street West
Charles Street E.
Charles Street W.
Yonge Street
Church Street
Jarvis Street
Sherbourne Street
Parliament Street
Ontario Street
Bay Street
Royal Ontario Museum
Gardiner Museum
Museum
Queen's Park
University of Toronto
St. Joseph
Gloucester Street
Wellesley
Wellesley Street
Maitland Street
Hoskin Av.
Ontario Government Ministry Bldgs.
YMCA
Maple Leaf Gardens
Carlton Street
Greenhouses
Allan Gardens
Ontario Houses of Parliament
Grosvenor Street
College
College Street
Gerrard Street
Ryerson Polytechnic University
Toronto General Hospital
St. George Street
Gould Street
Dundas Street
Hospital for Sick Children
CHINA-TOWN
McCaul
Edward Street
Bus Terminal
Eaton Centre
St. Michael's Cathedral
Shuter
Moss Park
Armouries
Huron Street
Beverly Street
University
St. Patrick
Trinity Church
City Hall
St. Michael's Hospital
Queen Street
D'Arcy Street
Art Gallery of Ontario
Simcoe
Osgoode Hall
Nathan Phillips Square
Old City Hall
The Bay
Richmond Street
St. James Cathedral
Kensington Market
Grange Park
Campbell House
Osgoode
Thomson Gallery
The Arcade
Adelaide Centre
King Street
Lawrence Market
Scotia Plaza
First Canadian Place
Exchange Tower
Commercial Centre
Front Street E.
Esplanade
Spadina
TSX Broadcast Centre
Dominion Centre
BCE Place
Hockey Hall of Fame
Hummingbird Centre
St. Andrew
Royal Alexandra Theatre
Royal Bank Plaza
Union
Roy Thomson Hall
York Street
Ave.
Metro Hall
Union Station
CBC Broadcast Centre
Air Canada Centre "The Hangar"
Adelaide Street
Wellington Street
Convention Centre
Skyway
Portland Street
Artword Theatre
Avenue
St. W.
CN Tower
Boulevard
Gardiner
Westin Harbour Castle
Conference Centre
Skydome
Old Roundhouse
Toronto Island Ferry Terminal
Front Street
Bremner Boulevard
Queen's Quay
Harbourfront Park
Queen's Quay Terminal
Bathurst Street
Lake Shore West
Antique Market
Nautical Centre
Pier 4
York Quay Centre
Fort York
John Quay
Maple Leaf Quay
Inner Harbour
Gardiner Expressway
Expressway
Spadina Quay
Hanlan's Point
Lake Ontario
Bathurst Quay
Alexandra Yacht Club
Little Norway Park
Toronto Island Air Terminal

D
E
F
VIEUX-QUÉBEC
BASSE-VILLE
1
2
3
4
5
6
Rue Abraham-Martin
Rue de l'Estuaire
Bassin Louise
Gare intermodale (CN)
Old Post Office
Gare du Palais
Marché du Vieux-Port
Port de Québec
Vieux Port de Québec
Parc au XIXe Siède
Société du Port du Québec
Agora
Rue Dalhousie
Douanes
Rue St-André
Rue St-Paul
Vieux-Port
Bastion des Augustines
Rue des Remparts
Old Fire Station
Rue des Prairies
Barracks
Rue St. Vallier
Monastère de l'Hôtel-Dieu
Maison Montcalm
Rue Hébert
Rue de l'Université
Rue St-Jaques
Musée de la Civilisation
VIEUX-PORT
Îlot de l'Arsenal
Dauphine Redoubt
Côte du Palais
Rue Couillard
Université
Seminaire
Rue Garneau
Rue McMahon
Sœurs Grises
Artillery
QUARTIER LATIN
VIEUX-QUÉBEC
Hôtel de Ville
Notre-Dame
Parc Montmorency
Rue St-Pierre
Côte de la Montagne
Parc La Cetière
Place Royal
Place de Paris
PLACE ROYALE
Porte Prescott
Musée du Fort
N.-D.-des-Victoires
Batterie Royale
Parc de l'Artillerie
Rue St-Jean
Institut Canadien
Ste-Price
Rue Ste-Anne
Ste-Trinité
Place d'Armes
St-Andrew's
Clarendon
Funicular
Maison Loius-Jolliet
Maison Chevalier
Jésuites
Rue Dauphine
Anglican Palais
Lévis
Rue des Traversies
Traverse de Lévis
Monastère des Ursulines
Rue St-Louis
Château Frontenac
Rue du Petit Champlain
Palais Montcalm
Av. Dufferin-Montmorency
Rue d'Auteuil
Rue Ste-Ursule
Parc des Gouverneurs
Centre Municipal des Congrès
Poudrière de l'Esplanade
N.-D. du Sacré-Cœur
Avenue Ste-Geneviève
Parc Fortifications de Québec
Chalmers-Wesley
Av. St-Denis
Terrasse Dufferin
Porte St-Louis
Parc Bastion de la Reinc
Côte de la Citadelle
Hôtel du Parlement
Porte Dalhousie
Grande Allée Est
Boulevard Champlain
Porte Durnford
Citadelle
Fleuve St-Laurent
Avenue Laurier
Manège Militaire
Promenade des Gouverneurs
Avenue Georges VI
Musée
Musée du Québec
Av. du Cap-Diamant
Parc des Champs de Bataille
Avenue Ontario
Escalier
Cap Diamant
Rue Champlain
Québec
300 m

In diesem Register sind alle in diesem Führer erwähnten Orte und Sehenswürdigkeiten verzeichnet. Halbfette Seitenzahlen verweisen auf den Haupteintrag, kursive auf ein Foto.

Schreiben Sie uns!

Liebe Leserin, lieber Leser,

wir setzen alles daran, Ihnen möglichst aktuelle Informationen mit auf die Reise zu geben. Dennoch schleichen sich manchmal Fehler ein – trotz gründlicher Recherche unserer Autoren/innen. Sie haben sicherlich Verständnis, dass der Verlag dafür keine Haftung übernehmen kann. Wir freuen uns aber, wenn Sie uns schreiben.

Senden Sie Ihre Post an die Marco Polo Redaktion, MAIRDUMONT, Postfach 31 51, 73751 Ostfildern, info@marcopolo.de

Impressum

Titelbild: Kanufahrer auf See (T. Widmann)
Fotos: Autor (5 o., 24, 25); HB Verlag: Widmann (1, 22, 27, 47, 50, 56); R. Hicker (U. l., U. M., 2 o., 4, 6, 11, 26, 30, 32, 35, 40, 42, 44, 66, 67, 68, 71, 72, 74, 77, 78, 80, 82, 85, 86, 88, 91, 92, 95, 100); Mauritius: Lawrence (16); Schuster: Liaison (14); T. Stankiewicz (28); Transglobe: Fauner (34); T. Widmann (U. r., 2 u., 5 u., 7, 9, 12, 18, 20, 36, 46, 48, 53, 54, 55, 58, 61, 64, 90, 96, 99, 115)

7., aktualisierte Auflage 2006 © MAIRDUMONT, Ostfildern
Herausgeber: Ferdinand Ranft, Chefredakteurin: Marion Zorn
Redaktion: Marlis v. Hessert-Fraatz, Bildredakteurin: Gabriele Forst
Kartografie Reiseatlas: © MapMedia Corporation Oshawa, Ontario/Kanada; MAIRDUMONT/Falk Verlag, Ostfildern
Vermarktung: MAIRDUMONT MEDIA, media@mairdumont.com
Gestaltung: red.sign, Stuttgart
Sprachführer: in Zusammenarbeit mit Ernst Klett Sprachen GmbH, Stuttgart, Redaktion PONS Wörterbücher

Printed in Germany. Gedruckt auf 100% chlorfrei gebleichtem Papier

Bloß nicht!

Zum Schluss ein paar Hinweise auf mögliche Gefahren und Dinge, die man besser meidet

In Québec mit tollen Englischkenntnissen glänzen

In den Städten, in Montréal und Québec City, hört man überall Englisch. Im Hinterland Québecs aber, besonders im Herzland der Separatisten um Chicoutimi und den Lac Saint Jean, ist Englisch eine ungeliebte Fremdsprache. Geben Sie sich ruhig als Europäer zu erkennen – dann sind Sie in allen Sprachen willkommen.

Entfernungen auf der Landkarte unterschätzen

Täuschen Sie sich bloß nicht bei den riesigen Dimensionen von Kanada! Besonders im weiten Norden kann ein Fingerbreit auf der Landkarte eine elend lange Tagestour auf scheinbar endlosen Schotterstraßen bedeuten.

Wildniswanderungen ohne Benachrichtigung machen

Ob es nur ein Tag, eine Woche oder gar ein ganzer Monat ist, den Sie auf einer Wanderung oder Kanutour in der unberührten Wildnis verbringen wollen: Hinterlassen Sie immer eine kurze Notiz über Ihre Route und die voraussichtliche Zeit der Rückkehr. Beim Kanuvermieter, beim Buschpiloten, der Sie ins Hinterland fliegt, oder beim *Warden* im Nationalpark. Auch jede Polizeistation *(RCMP)* nimmt solche Meldungen entgegen. Falls tatsächlich mal etwas schief gehen sollte, kann so ein Suchtrupp losgeschickt werden. Vergessen Sie aber bitte nicht, sich zurückzumelden, wenn Sie wohlbehalten wieder angekommen sind.

An Schulen rasen

Die Verkehrszeichen sind eindeutig: Bei Schulen darf nur 30 km/h gefahren werden. Halten Sie sich daran – nirgendwo sind die Mounties strenger. Juli und August sind Ferien, doch in allen anderen Monaten darf vor Schulen nur im Kriechgang gefahren werden. Achtung: Schulbusse mit Warnblinkern – auch aus der Gegenrichtung – nicht überholen!

Den Mückenschutz vergessen

Wandern Sie bloß nicht leicht bekleidet ohne Moskitomittel im kanadischen Busch – die Mücken haben nur auf Sie gewartet! Ein Fläschchen *Off, Muskol* oder *Cutter* bewahrt Sie vor der Gier der Blutsauger.

Rauchen

Das Qualmen in Kanada ist (außer vielleicht in Québec) mittlerweile völlig verpönt – und auch horrend teuer. Rauchen ist generell in allen öffentlichen Gebäuden, Flughäfen und Lokalen verboten. Nur in der hintersten Ecke findet man manchmal noch eine *smoking section.*